Alpin-Lehrplan Band 2

Michael Hoffmann
Wolfgang Pohl

**Felsklettern
Sportklettern**

Alpin-Lehrplan Band 2

Michael Hoffmann
Wolfgang Pohl

Felsklettern
Sportklettern

Die Deutsche Bibliothek – CIP-Einheitsaufnahme

Alpin-Lehrplan
Hrsg. Deutscher Alpenverein und Verband Deutscher Berg- und Skiführer. – München ; Wien ; Zürich : BLV.

Bd. 2. Felsklettern, Sportklettern – 4., völlig neu bearb. Aufl., Neuausg. – 1996

Felsklettern, Sportklettern
[Hrsg.: Deutscher Alpenverein und Verband Deutscher Berg- und Skiführer]. Michael Hoffmann ; Wolfgang Pohl. – 4., völlig neu bearb. Aufl., Neuausg. – München ; Wien ; Zürich : BLV, 1996
   (Alpin-Lehrplan ; Bd. 2)
   ISBN 3-405-14822-7
NE: Hoffmann, Michael; Pohl, Wolfgang

Bildnachweis:
Archiv DAV: Seite 124 (4), S. 125 o., Mi. re., u.
Robert Aschenbrenner: S. 118
Gerhard Heidorn: Seite 6 (2), 7 (2), 10/11, 42/43, 76/77, 112/113
Christoph Krah: Seite 13 (3), 14 (3), 15 (2), 16 (3), 17, 18 (3), 19 (9), 20 (4), 21 (7), 24 (4), 25 (4), 26 (3), 27 (3), 28 (3), 29 li., 31 (2), 32 (3), 33 (6), 34 (3), 44 Mi. li., Mi. re, 45 li., Mi. li., Mi., 47 o. Mi. li., o. Mi., o. Mi. re., o. re., u. li., u. Mi. li., u. Mi. re., u. re., 48 (4), 49 (2), 52 (2), 53 li., 54 o. Mi., o. re., u. re., 57, 58 (2), 67, 69 (2), 70, 71 (3), 72 (4), 78, 93, 125 Mi. li.
Hans Nagler: Seite 99
Wolfgang Pohl: S. 2/3, 23 (8), 29 Mi. li., Mi. re., re., 37, 44 li., re., 45 Mi. re., re., 46 (3), 47 o. li., 53 Mi. re., re., 54 li., u. Mi., 55, 80, 82 (2), 83 (2), 84 (3), 85 (4), 86 (2), 87, 88, 89 (4), 90, 91, 104, 111
Karl Schrag: Seite 98
Stefan Witty: S. 120, 121, 122

Umschlagfoto: Gerhard Heidorn
Umschlaggestaltung: Werbeagentur Sander & Krause
Grafiken: Kartographie Huber, Jörg Mair

Lektorat: Karin Steinbach

Layout und Umbruch: Christoph Krah
Herstellung: Manfred Sinicki

Vierte, völlig neu bearbeitete Auflage – Neuausgabe

BLV Verlagsgesellschaft mbH
München Wien Zürich
80797 München

© 1996 BLV Verlagsgesellschaft mbH, München

Das Werk einschließlich aller seiner Teile ist urheberrechtlich geschützt. Jede Verwertung außerhalb der engen Grenzen des Urheberrechtsgesetzes ist ohne Zustimmung des Verlages unzulässig und strafbar. Das gilt insbesondere für Vervielfältigungen, Übersetzungen, Mikroverfilmungen und die Einspeicherung und Verarbeitung in elektronischen Systemen.

Druck und Bindung: Passavia, Passau

Gedruckt auf chlorfrei gebleichtem Papier

Printed in Germany · ISBN 3-405-14822-7

Herausgeber:
Deutscher Alpenverein (DAV) und Verband Deutscher Berg- und Skiführer (VDBS) in Zusammenarbeit mit dem Österreichischen Alpenverein (OeAV), dem Schweizer Alpen-Club (SAC) und dem Alpenverein Südtirol (AVS)

Offizieller Lehrplan der folgenden alpinausbildenden Verbände:
- Deutscher Alpenverein
- Österreichischer Alpenverein
- Schweizer Alpen-Club
- Alpenverein Südtirol
- Verband Deutscher Berg- und Skiführer
- Bundeswehr
- Polizeibergführerverband
- Touristenverein Die Naturfreunde

Folgende Firmen unterstützen die Produktion der Alpin-Lehrpläne und zum Teil die Lehrteams der alpinausbildenden Verbände:
- Krimmer Outdoor Systems: Modan-Rucksäcke und Petzl-Kletterhardware
- Leki: Trekkingstöcke
- Mountain Safety Equipment: mse-fischer-Zykon-Bohranker
- Onneken Meß- und Prüftechnik: Avocet-Höhenmesseruhren, Silva-Kompasse und Thommen-Höhenmesser
- Reebok: Trekking- und Outdoor-Schuhe

Autoren der einzelnen Kapitel:

Michael Hoffmann
»Bewegungstechnik und Taktik«, »Sicherungstechnik«
- Jahrgang 1955
- Diplomgeologe
- Staatlich geprüfter Berg- und Skiführer, spezialisiert auf anspruchsvolle Felsführungen
- Erstbegeher zahlreicher alpiner Sportkletterrouten, besonders im Wilden Kaiser
- Koordinator des Lehrteams Sportklettern im Deutschen Alpenverein
- Mitglied im Ausbildungsteam der Berufsbergführer
- Mitinhaber der auf Sportklettern spezialisierten »Rotpunkt«-Kletterschule in München
- Mitinhaber der Firma MICS-Kletterwände

Wolfgang Pohl
»Theoretische Grundlagen«
- Jahrgang 1961
- Diplomsportlehrer
- Staatlich geprüfter Berg- und Skiführer
- Mitglied des Lehrteams Bergsteigen im Deutschen Alpenverein
- Mitglied im Ausbildungsteam der Berufsbergführer
- Begeher vieler namhafter Routen in den Alpenwänden
- mehrere Kletterexpeditionen im Himalaja

Stefan Witty
»Umwelt- und Naturschutz«
- Jahrgang 1961
- Diplombiologe
- Leiter der Abteilung Natur- und Umweltschutz des Deutschen Alpenvereins

VORWORT

Das Bergsteigen mit seinen unterschiedlichen Spielformen zählt zu den attraktivsten Natursportarten. Jedes Jahr zieht es Tausende von erlebnis- und erholungshungrigen Wanderern und Bergsportlern in die Alpen und die Berge der Welt, um ihren individuellen Leidenschaften und Zielsetzungen in einer weitgehend intakten Natur nachzugehen. Für viele von ihnen ist Bergsteigen ein idealer Lifetime-Sport, der den notwendigen Ausgleich in einer zivilisationskranken Konsumgesellschaft leisten kann.

Der Deutsche Alpenverein als der weltgrößte Bergsteigerverband stellt sich seiner besonderen Verantwortung und hat nicht nur die Bergwelt der Alpen mit erschlossen, sondern sich auch seit seinen Gründertagen um die Ausbildung und Sicherheit der Bergsteiger bemüht. Dazu gehört die Ausbildung der staatlich geprüften Bergführer in kooperativer Zusammenarbeit mit dem Verband Deutscher Berg- und Skiführer, die Ausbildung der ehrenamtlichen Führungskräfte als wichtige Multiplikatoren in den Sektionen des Deutschen Alpenvereins, die international anerkannte und führende Arbeit des DAV-Sicherheitskreises und die Herausgabe von Unterrichtsmaterialien und Lehrschriften, um hier nur die bedeutendsten Aktivitäten zu nennen.

Ein fester Bestandteil in der Ausbildungsarbeit aller alpinausbildenden Verbände im deutschsprachigen Raum ist die Lehrplanreihe des Deutschen Alpenvereins, die in ihrer ursprünglichen Konzeption Anfang der achtziger Jahre veröffentlicht wurde. Angesprochen wurden hauptsächlich alle Ausbilder, die in den verschiedensten Funktionen und mit den unterschiedlichsten Zielsetzungen Alpinunterricht in Praxis und Theorie vermittelten, wenngleich die einzelnen Praxis- und Theoriebände des Alpin-Lehrplans mit der Zeit zum Standardwerk für alle Wanderer und Bergsteiger wurden.

Heute hat sich gemäß der aktuellen Entwicklung im Alpinismus die Zielrichtung des Alpin-Lehrplans verändert: Genauso wie die Zahl der Bergsportler zunimmt, hat sich auch deren Wunsch nach Selbständigkeit entwickelt. Weil das Bergsteigen kein geeignetes Feld für den Autodidakten nach der »Try and error«-Methode darstellt und die beste Empfehlung nach wie vor nur lauten kann, eine qualifizierte Ausbildung in Praxis und Theorie unter kompetenter Anleitung zu absolvieren, gibt der Deutsche Alpenverein in Zusammenarbeit mit dem Verband Deutscher Berg- und Skiführer mit dem neuen Alpin-Lehrplan eine sorgfältig nach den neuesten Erkenntnissen erstellte Buchreihe heraus, die alle Praxis- und Theoriebereiche des Alpinismus abdeckt.

Adressat ist nicht nur der Alpinausbilder, sondern vor allem der »Normalbergsteiger«, der ein gut verständliches, auf das Wesentliche beschränktes Lehrbuch sucht, das alle praxisrelevanten Themen des Alpinismus behandelt. Neben den elementaren Kapiteln der Bewegungstechnik und -taktik, der Sicherungstechnik und der sicherheitsbezogenen Theorie hat in den neuen Alpin-Lehrplan als Hauptkapitel auch der spezifische und praxisorientierte Naturschutz Eingang gefunden.

Nicht zuletzt deshalb glauben der Deutsche Alpenverein und das kompetente Autorengremium, daß der neue Alpin-Lehrplan alle Anforderungen an ein modernes Standardwerk für den Bergsteiger erfüllt.

Josef Klenner
Erster Vorsitzender des
Deutschen Alpenvereins

INHALT

Vorwort — 5

Einführende Gedanken
zum Alpin-Lehrplan — 8

Einführung — 9

Bewegungstechnik und Taktik 11

Sicherungstechnik 43

Klettertechniken und Technikelemente — 12
Stabil Weitertreten 13
Weitere Bewegungsmuster 17
Stabil Weitergreifen 24
Stabilisieren der offenen Türe 28
Klettern von Überhängen 31
Abklettern 33
Rasten 34

Taktik beim klassischen Felsklettern — 36
Überlegungen zur Tourenwahl 36
Zeitliche Planung 36
Ausrüstung 36
Taktisches Verhalten beim Zustieg 37
Vorbereitung am Einstieg 37
Taktisches Verhalten während der
Kletterei 38

Stürzen beim Sportklettern — 39
Risikoabschätzung 39
Sturztechnik 39

Taktik beim Sportklettern — 40
Inspektion der Route 40
Vorbereitung zum Klettern 40
Bewegungsvorplanung 41
Ausbouldern von Routen 41

Grundlagen — 44
Anseilen 44
Kameradensicherung 44
Zwischensicherungen 45
Seilführung am Körper 45
Abseilen 46

Alpines Klettern — 49
Seilkommandos 49
Seilschaft in Aktion 50
Grundprinzipien der Standplatzbereitung 51
Grundsätze der Absicherung für den
Seilzweiten 56
Weitere führungstechnische Maßnahmen 57
Gleichzeitiges Nachsichern von zwei
Partnern 57
Seiltransport 58

Technisches Klettern — 59
Doppelseiltechnik 59
Seilzug 59
Seilquergänge 60
Klettern mit Tritthilfen 62
Big-wall-Techniken 65
Technisches Klettern mit selbstangebrachten
Fixpunkten 65
Nachstieg an Steigklemmen/Prusiken 65
Aufziehen des Haul bags 67

Sportklettern — 68
Anseilen nur mit Hüftgurt 68
Das taktische Sicherungskonzept 69
Körpersicherung 69
Sichern mit Abseilachter 70
Blockieren der Sicherung 71
Abbauen mit Ablassen 72
Abbauen mit Abseilen 73
Weiches Sichern 73
Weiches Sichern vom Standplatz aus 74
Selbstsicherung mit Steigklemmen 75

Theoretische Grundlagen 77

Spielformen des Felskletterns und Sportkletterns — 78
Felsklettern 78
Sportklettern 78
Bouldern 79
Technisches Klettern 79
Wettkampfklettern 79

Ethik des Felskletterns und Sportkletterns – Bewertungssysteme — 79
Regeln zur Vergleichbarkeit von Kletterleistungen 79
Regeln für das Erstbegehen von Kletterrouten 81
Bewertungssysteme 81

Ausrüstung für das Fels- und Sportklettern 81
Seile 82
Schlingenmaterial 83
Anseilgurte 83
Kletterhelm 84
Klemmkeile und Klemmgeräte 84
Felshaken, Bohrhaken und Felshammer 85
Karabiner 86
Abseilachter 86
Kletterschuhe 87
Kletterrucksack 88
Zubehör 88
Ausrüstung für das technische Klettern 88

Alpine Gefahren und Wetter — 90
Subjektive Gefahren 90
Objektive Gefahren 91

Rückzugsmethode, behelfsmäßige Bergrettung und Erste Hilfe — 93
Rückzugsmethode 93
Behelfsmäßige Bergrettung beim Fels- und Sportklettern 94
Erste Hilfe und Maßnahmen am Unfallort 97

Tourenplanung und Orientierung — 99
Planung von Fels- und Sportklettertouren 99
Orientierung in Fels- und Sportklettertouren 100

Training — 102
Faktoren der Leistungsfähigkeit beim Fels- und Sportklettern 102
Trainingsgrundlagen 102
Training der konditionellen Fähigkeiten 104
Trainingssteuerung 109

Umwelt- und Naturschutz 113

Umwelt- und Naturschutz in den Mittelgebirgen — 114
Anreise 114
Weg zu den Felsen 115
Wandfuß/Einstieg 6
Felswand 117
Felskopf/Ausstieg 119
Abstieg vom Felskopf 120
Übernachtung 121

Umwelt- und Naturschutz in den Alpen — 122
Anreise 123
Verhaltenstips für Kletterer 124

Anhang — 126
Adressen und Telefonnummern der alpinen Vereine 126

EINFÜHRENDE GEDANKEN ZUM ALPIN-LEHRPLAN

Unterhält man sich in unseren Tagen über das Bergsteigen, dann ist es gar nicht so selbstverständlich, über das gleiche zu sprechen. Das Bergsteigen ist in den Jahren, mit all seinen verschiedenen Aktivitäten, überaus vielfältig geworden. So unterschiedlich sich die Spielformen darbieten, so gehen auch die Beweggründe und Zielsetzungen des einzelnen auseinander. Wo der eine leistungsorientiert die sportliche Auseinandersetzung anstrebt, sucht der andere sein Erlebnis in der Beschaulichkeit der Natur. Durch diese Gegensätzlichkeiten wurde das Bergsteigen ein sehr komplexes Thema.

Sie halten einen neuen Alpin-Lehrplan in Händen, mit einem Konzept, das Ihnen vielschichtig und umfassend die Thematik des Bergsteigens näherbringen soll. Jeder der Bände steht für einen bestimmten Bereich und ist in sich abgeschlossen. Während mit dem Vorgänger dieser Lehrplanreihe vor allem der Kreis der Ausbilder angesprochen wurde, sind diese Bände vom Konzept und vom Inhalt her für alle gedacht, die sich in irgendeiner Form dem Bergsteigen verschrieben haben.

Die Lehrpläne sind mit der Gliederung in vier Hauptkapitel auf die alpine Praxis ausgerichtet. Das »Wie geht's« erfahren Sie im Kapitel »Bewegungstechnik und Taktik«. Unter »Sicherungstechnik« finden Sie alles, was die Sicherung betrifft. Was sonst noch wissenswert ist, um sicher unterwegs zu sein, wird praxisorientiert unter den »Theoretischen Grundlagen« beschrieben. Tips und Anregungen für umweltverträgliches Verhalten holen Sie sich im Kapitel »Umwelt- und Naturschutz«.

Der Verband Deutscher Berg- und Skiführer ist zusammen mit dem Deutschen Alpenverein Herausgeber dieser Lehrplanreihe. Der Verband ist sich der Verantwortung bewußt, die er hiermit übernommen hat. Doch neben einem hohen Maß an Sicherheitsbewußtsein ist das Übernehmen von Verantwortung eines der grundlegenden Aufgaben eines jeden Bergführers. Unter dem Grundsatz »Erfolgserlebnis durch Sicherheit und kalkulierbares Risiko« ist der VDBS seit jeher bestrebt, die verschiedenen Techniken des Bergsteigens zu formen und weiterzuentwickeln.

Die Autoren sind ausschließlich staatlich geprüfte Berg- und Skiführer und Mitglieder des Lehrteams für die staatliche Bergführerausbildung. Ihre langjährige Berufserfahrung sowie die professionelle Einstellung zur Thematik spiegelt sich im Inhalt dieser Bände wieder. Es wird keinesfalls der Anspruch auf Vollständigkeit erhoben, eher soll hier das Elementare, das Wesentliche, »das, was man braucht« herausgestellt werden.

Allerdings gibt es gerade beim Bergsteigen entscheidende Punkte, die sich schwerlich darstellen lassen, die man auch aus einem Lehrbuch nicht erlernen kann. Dies betrifft hauptsächlich die geistige Auseinandersetzung mit dem Medium Natur und Gebirge. Leider haben wir »Zivilisationskrüppel« verlernt, Zeichen der Natur zu sehen, zu erkennen, umzusetzen und zu nützen – wir haben einen wichtigen Instinkt verkümmern lassen. Nur mühsam gelingt es uns, Bruchteile dieser Fähigkeiten zurückzugewinnen.

Das Beherrschen der verschiedensten Techniken darf nur als Basis, als Grundvoraussetzung angesehen werden. Um wirklich sicher unterwegs zu sein, bedarf es mehr.

Peter Geyer
Präsident des Verbandes Deutscher
Berg- und Skiführer

EINFÜHRUNG

Das Fels- und Sportklettern hat eine lange Entwicklung hinter sich. Von den Ursprüngen des Klettersports im sächsischen Elbsandsteingebirge, wo vor mehr als hundert Jahren der Freiklettergedanke entstand, bis zu den aktuellen Toprouten der Klettergebiete in Deutschland, Südfrankreich, Italien oder Spanien war es ein weiter Weg. Konzentrierte sich das Felsklettern in den Alpen bis Anfang der siebziger Jahre auf das Erschließen der großen Wände, waren es vor allem die Kletterer in Amerika, die den sächsischen Freiklettergedanken wiederbelebten und so das leistungsorientierte Sportklettern entwickelten.

Erst als die europäische Kletterszene Mitte der siebziger Jahre die Gedanken der amerikanischen Freikletterethik zurückimportierte und sich die bis dahin starren Schwierigkeitsskalen nach oben öffneten, kam es in den europäischen Klettergebieten zu einer Leistungsexplosion. Der Rotpunkt-Begriff bürgerte sich in der Sportklettergeneration als feste Regeldefinition ein und war Grundlage für immer schwierigere Kletterrouten. Das Sportklettern wurde zum Hochleistungssport. Die ersten Kletterwettkämpfe ab Mitte der achtziger Jahre waren das logische Ergebnis dieser Entwicklung.

Deren Ende ist auch heute noch nicht abzusehen. Die Spitzenkletterer betrachten selbst den elften, den momentan höchsten Schwierigkeitsgrad, noch nicht als das Ende der Fahnenstange. Gleichzeitig werden die Höchstschwierigkeiten nicht nur an den Wänden der Mittelgebirgsgebiete erschlossen, sondern auch auf große Alpenwände und die Himalajaberge übertragen.

Doch ist das Fels- und Sportklettern keineswegs nur Spitzensport. Besonders die Entwicklung in den Klettergärten der Mittelgebirge hat die Popularität des Klettersports in der Öffentlichkeit gefördert und Menschen aller Altersstufen für diesen faszinierenden Natursport begeistert. Unabhängig vom Schwierigkeitsgrad erschließt das Klettern eine Erlebniswelt, die über die rein sportliche Betätigung hinausgeht. Ob man nun in lockerer Klettergartenatmosphäre eine zwanzig Meter hohe, gut abgesicherte Sportkletterroute begeht oder in einer großen alpinen Wand unterwegs ist, Klettern bleibt immer eine einzigartige Verbindung von sportlicher Herausforderung und Naturerlebnis.

Der vorliegende Lehrplan behandelt die Bereiche des Fels- und Sportkletterns, deren Kenntnis für die sichere Durchführung selbständiger Klettertouren notwendig ist. Er kann jedoch nicht eine qualifizierte Ausbildung unter kompetenter Anleitung ersetzen. Noch viel weniger kann er die praktische Erfahrung vermitteln, die mit vielen Klettermetern im Lauf der Zeit wachsen muß.

Der Lehrplan zeigt die aktuellen Sicherungstechniken des Fels- und Sportkletterns auf und enthält eine vollkommen neu konzipierte Darstellung der Klettertechniken. Er behandelt taktische Fragen und umreißt viele weitere den Komplex Klettern betreffende Themen. Dem Einsteiger wird ermöglicht, sich Schritt für Schritt mit den entsprechenden Techniken vertraut zu machen; der Ausbilder erhält eine übersichtliche Darstellung der »Lehrmeinung« bezüglich der Sicherungstechnik sowie eine gut gegliederte Auflistung der für die Vermittlung von Klettertechnik wesentlichen Technikschwerpunkte.

Michael Hoffmann
Wolfgang Pohl

Bewegungstechnik und Taktik

BEWEGUNGSTECHNIK UND TAKTIK

KLETTERTECHNIKEN UND TECHNIK-ELEMENTE

Solange eine Kletterei »leicht« ist, besteht keine besondere Notwendigkeit, sich mit Klettertechnik auseinanderzusetzen. Steigt man beispielsweise auf eine Leiter, klingt der Gedanke, sich hierzu irgendwelche speziellen Fähigkeiten aneignen zu wollen, irgendwie überflüssig.

Wenn die Kletterei aber schwieriger wird, kommt man schon mal ins Stocken und muß überlegen, wie man eine bestimmte Stelle anpacken könnte. Das erfordert Zeit und kann auch sehr viel Kraft kosten.

Manchmal kostet es sogar zuviel Kraft. Die Folge ist, daß die Begehung im Sinne des Sportkletterns scheitert oder eine alpine Route wegen Ermüdung letztendlich abgebrochen werden muß.

Die möglichen auftretenden Schwierigkeiten lassen sich ganz grob auf drei unterschiedliche Problemfelder reduzieren:
- Ein Fuß kann nicht zum gewünschten Tritt versetzt werden.
- Der gewünschte Körperhub läßt sich nicht realisieren, da man keine Vorstellung hat, wie man die Stelle klettern soll.
- Eine Hand kann nicht loslassen oder weitergreifen.

So weit klingt die ganze Angelegenheit recht einfach und überschaubar. Betrachten wir die einzelnen Situationen also ruhig etwas detaillierter.

Der Fuß kann nicht versetzt werden, weil
- es nicht gelingt, ihn zu entlasten.

Ein geeignetes Bewegungsmuster fehlt, weil man zum Beispiel
- eine glatte Reibungspassage vor sich hat.
- eine trittarme spitze oder stumpfe Kante klettern soll.
- in einem Riß oder engen Kamin steckt.
- einer glatten Wandstelle mit einer Stufe gegenübersteht.

Eine Hand kann nicht loslassen oder weitergreifen, weil
- man den anderen Griff allein nicht halten kann.
- man sonst seitlich wegdreht (offene Türe).
- die Wand zu überhängend ist.

Hier wird schon deutlich, daß wir über ein umfangreiches Repertoire an Bewegungsmustern bzw. Klettertechniken verfügen müssen, wenn wir das kräfteverschlingende Stocken vermeiden wollen.

Für die genannten Schwierigkeiten stehen vielfältige Bewegungsmuster zur Verfügung. Die entsprechenden Lösungsansätze werden zunächst aufgezählt und im folgenden ausführlich behandelt.

Fuß kann nicht entlastet werden:
- Trittechnik
- Schwerpunktverlagerung über das Standbein
- Reintreten unter den Körperschwerpunkt
- Spreizen und Stützen
- Stützen über den Ellenbogen
- dynamisch Weitertreten

Reibungspassagen:
- Schwerpunktlage und Beinarbeit beim Reibungsklettern

Kanten:
- Gegendrucktechnik
- Froschtechnik

Kamine und Risse:
- Stemmtechniken
- Klemmtechniken

Glatte Wand mit Stufe:
- Mantle
- Durchstützen mit Foothook

Griff kann nicht gehalten werden:
- Grifftechnik
- Schwerpunktlage
- Eindrehen
- Antrethöhe
- dynamisches Klettern
- dynamische Züge nach oben

Klettertechniken und Technikelemente

Offene Türe:
- Trittwechsel
- Beine kreuzen
- Tritt auf Zug nach außen belasten
- Knie anlegen
- dynamische Züge zur Wand hin

Überhänge:
- eingependelte Position
- seitliche Antretposition
- Foothook

Stabil Weitertreten

Vorab ein paar Worte zur Terminologie. In der Literatur finden sich im Zusammenhang mit Klettertechnik mitunter die Begriffe »stabiles Gleichgewicht« und »labiles Gleichgewicht«. Ein labiles Gleichgewicht im physikalischen Sinn ist ein höchst instabiler Zustand. In bezug auf das Klettern soll damit aber etwas ganz anderes gesagt werden, nämlich daß eine zunächst instabile Position stabilisiert wird. Im folgenden wird demgemäß nicht von labilen, sondern von zu stabilisierenden Gleichgewichten die Rede sein.

Die nachstehenden Kapitel geben einen Überblick, wie man das Weitertreten stabilisieren kann; es geht dabei um die Fähigkeit, den jeweils zu versetzenden Fuß zu entlasten.

Trittechnik

Gut Klettern heißt über eine saubere Fußtechnik verfügen. Dies bedeutet in erster Linie, daß der Fuß ruhig und exakt auf den jeweils nächsten Tritt gestellt wird.

Zur Technik des Antretens gelten die folgenden Grundsätze:
- Auf Leisten wird vorzugsweise mit der Innenseite (Ballen) oder der Außenseite (Außenrist) angetreten.
- Beim Antreten mit Ballen oder Außenrist erfolgt ein aktives Gegendrehen des Fußes.
- In Löchern und Mulden erfolgt das Antreten üblicherweise mit der Fußspitze (frontal).
- Beim frontalen Antreten befindet sich die Ferse etwa horizontal auf Höhe des Trittes oder ist leicht angehoben.

- Den Fuß gegebenenfalls bereits beim Antreten in der für die weitere Fortbewegung wünschenswerten Position aufsetzen (etwa beim Überkreuztreten).
- Bei maximaler Streckung darauf achten, daß man sich nicht vom Tritt hebelt.
- Ruhig auf den Tritten stehen (kein Wippen mit der Ferse).

Antreten frontal

Antreten mit dem Ballen

Antreten mit dem Außenrist

Im Zusammenhang mit der Trittechnik ist auch die »Trittfläche« von Bedeutung. Steht man auf einem Fuß, so versteht sich der Begriff von selbst. Steht man auf beiden Füßen, so sind beide Kontaktflächen zum Fels sowie die dazwischenliegende Fläche gemeint. Besonders im Hinblick auf den Körperschwerpunkt wird von der Trittfläche noch die Rede sein.

BEWEGUNGSTECHNIK UND TAKTIK

Trittfläche

Die Trittechnik hängt auch von der Art der verwendeten Schuhe ab. Zum Lernen empfehlen sich mittelharte Kletterschuhe. Mit diesen kann man sowohl gut auf Reibung antreten als auch relativ kraftsparend auf kleinen Leisten stehen.

Steife und hohe Schuhe schränken die Bewegungsfreiheit des Fußes ein. Man spürt den Tritt weniger deutlich und muß verstärkt kognitiv entscheiden, ob der Fuß gut steht oder nicht. Reibungstritte sind ungünstiger, kleine Tritte hingegen ideal zu nützen.

Bei weichen Schuhen benötigt man eine erhebliche Zehenkraft, um auf kleinen Tritten stehen zu können. Vorteilhaft an weichen Schuhen ist, daß man sehr gut spürt, wie der Fuß steht.

Praxistip:
- Zweifelhafte Tritte vor dem Belasten auf ihre Festigkeit prüfen. Die Festigkeit beurteilt man anhand des Klangs beim Anklopfen mit der Fußspitze. Je dumpfer der Klang, desto weniger hält der Tritt voraussichtlich.

Schwerpunktverlagerung über das Standbein

Die Kontrolle des Körperschwerpunkts ist ein zentrales Thema, das bei den verschiedensten Techniken eine Rolle spielt.

Der Körperschwerpunkt liegt je nach Kletterstellung irgendwo im Bereich des Bauches. Schwerpunktverlagerungen erfolgen daher im allgemeinen durch Verschieben der Hüfte bzw. des ganzen Rumpfes.

Grundsätzlich gilt:
- Der Körperschwerpunkt soll über der Trittfläche liegen.
- Im geneigten Gelände, speziell auf Reibungsplatten, muß also die Hüfte vom Fels weg verlagert werden.
- Im senkrechten und überhängenden Fels bringt man den Körperschwerpunkt dagegen möglichst nah an die Wand und damit über die Trittfläche.

Doch zurück zum Thema: Soll ein Fuß ohne großen Kraftaufwand weitergesetzt werden, so empfiehlt es sich, den Körperschwerpunkt über den anderen Fuß zu verlagern. Gegebenenfalls ist zu diesem Zweck ein Griffwechsel erforderlich oder sinnvoll. Oft leistet hier ein Seitgriff auf der Seite des zu belastenden Fußes gute Dienste.

Praxistips:
- Der Körperschwerpunkt wird über einen der beiden Füße verlagert.
- Diese Stellung wird mit den Armen ausbalanciert.
- Dann kann der andere Fuß weitergesetzt werden.

Unten links:
Körperschwerpunkt über dem Standbein

Unten rechts:
Körperschwerpunkt über der Trittfläche

Klettertechniken und Technikelemente

Reintreten unter den Körperschwerpunkt

Bei zu breiten Spreizstellungen der Beine ist die oben dargestellte Körperschwerpunktverlagerung nicht mehr möglich. Insbesondere den tiefer stehenden Fuß weiterzusetzen wäre dabei mit einem erheblichen Krafteinsatz verbunden (Stabilisieren des Weitertretens durch Kraft).
Anstelle der Schwerpunktverlagerung ist es in einer solchen Situation oft ökonomischer, zunächst mit dem anderen, weniger belasteten Fuß ungefähr in Fallinie des Körperschwerpunkts anzutreten und anschließend den ursprünglich beabsichtigten Fuß höherzusetzen. Natürlich muß für diese Technik ein geeigneter Tritt oder Reibungstritt vorhanden sein.

Praxistips:
- Zum Entlasten eines Fußes zunächst mit dem anderen Fuß etwa in Fallinie des Körperschwerpunkts antreten.
- Anschließend den ursprünglich beabsichtigten Fuß weitersetzen.

Spreizen und Stützen

Nachdem gerade schon von mehr oder weniger breiten Spreizstellungen die Rede war, sollen zunächst die Effekte dieser Technik geklärt werden:
- In konkaven Wandbereichen (Verschneidungen, Nischen) kann der Körperschwerpunkt durch Spreizen über die Trittfläche gebracht werden.
- Selbst in überhängenden Verschneidungen lassen sich durch Spreizen Rastpositionen finden (Überhänge ausspreizen).
- Drehmomente um die Körperlängsachse werden duch Spreizen gut stabilisiert (man steht stabil).
- Durch die Spreizstellung kann die Belastung der Tritte mehr oder weniger schräg erfolgen (horizontale Kraftkomponenten). Dadurch können auch steile Reibungstritte genützt werden (beispielsweise Spreizen in senkrechten Kaminen).
- Aber: Das Weitertreten aus einer breiten Spreizstellung kann problematisch sein.

Spreizen wird oft in Verbindung mit Stützen durch einen Arm angewendet.

Dabei ist wichtig:
- Es wird jeweils der Fuß unter der stützenden Hand weitergesetzt.
- Die Stützgriffe sind vorzugsweise etwa auf Hüfthöhe zu wählen.
- Um stabil weitertreten zu können, braucht man den Körperschwerpunkt nicht zu verlagern.
- Gegebenenfalls (etwa in Kaminen) wird mit beiden Armen gestützt.

Da durch das Stützen die Muskulatur der Fingerbeuger nicht beansprucht wird, ist diese Technik sehr ökonomisch. Es wäre ein Fehler, sie an geeigneten Stellen nicht anzuwenden.

Praxistips:
- Die Hand auf der Seite des zu versetzenden Fußes stützt etwa auf Hüfthöhe.
- Die andere Hand hält einen Zuggriff oder stützt ebenfalls.
- Der Fuß wird ohne Schwerpunktverlagerung weitergesetzt.

Reintreten unter den Körperschwerpunkt

BEWEGUNGSTECHNIK UND TAKTIK

Stützen über den Ellenbogen

Der Stützeffekt kann auch über den Ellenbogen erfolgen.
Diese Technik ist besonders bei Wandkletterei mit abschüssigen Griffen bisweilen geeignet.

Praxistips:
- Normalen Zuggriff etwa in Kopfhöhe wählen.
- Unterarm und Ellenbogen an die Wand anlegen.
- Über entsprechende Körperspannung den Stützeffekt aufbauen.

Dynamisches Klettern erfordert die Fähigkeit zu exakter Koordination. Es ist deshalb wenig sinnvoll, dynamische Klettertechniken zu trainieren, solange man die statischen Klettertechniken nicht beherrscht.
Anfänger kann man häufig dabei beobachten, wie sie versuchen, einen Fuß schwungvoll auf irgendeinen Tritt zu schleudern. Auch Fortgeschrittene fallen mitunter durch solche Versuche auf. Das hat natürlich wenig mit guter Klettertechnik zu tun; vielmehr sollte nach einer Möglichkeit gesucht werden, den Fuß wie bereits beschrieben zu entlasten.
In der Vergangenheit wurde das belastete Antreten zum Teil sogar generell als Kletterfehler betrachtet. Das ist aber wegen der genannten Vorteile des dynamischen Kletterns nicht korrekt. Bei exakter Koordination ist diese Technik durchaus gewinnbringend einsetzbar.

Links: Stabil Weitertreten mit Stützen (rechter Fuß tritt weiter)

Mitte: Stützen mit dem Ellenbogen (linker Fuß tritt weiter)

Praxistips:
- Das belastete Antreten wird durch geeignetes Schwungholen mit dem Körper eingeleitet.
- Das Versetzen des Fußes erfolgt dann im Umkehrpunkt dieser Schwungbewegung.
- Den Fuß exakt auf dem Tritt plazieren.

Dynamisch Weitertreten

Hier ist zunächst ganz grundsätzlich der Unterschied zu den bisherigen Techniken herauszustellen. Beim dynamischen Weitertreten (oder belasteten Antreten) handelt es sich um eine dynamische Klettertechnik. Der Fuß wird mit einem wohldosierten und exakt koordinierten Schwung zum nächsten Tritt bewegt. Im Gegensatz dazu steht die sogenannte statische Klettertechnik. Alle bisher beschriebenen Techniken waren statisch.

Ihnen gegenüber bewirken dynamische Klettertechniken (»Dynamos«) folgendes:
- Dynamos sparen Kraft.
- Dynamos erhöhen die Leistungsgrenze.
- Dynamos können irreversibel sein (also nicht mehr rückgängig zu machen).
- Ein mißlungener Dynamo an der Leistungsgrenze bedeutet einen Sturz.

Rechts: Belastetes Antreten; in dieser Stellung kann der linke Fuß nicht entlastet werden

Klettertechniken und Technikelemente

Weitere Bewegungsmuster

Spezielle Felsformen erfordern entsprechend spezielle Bewegungsmuster. Wenn man sich zum Beispiel nie mit Klemmtechniken beschäftigt hat, kann man durchaus in einem klassischen Riß scheitern, selbst wenn die Bewertung des Risses einen vollen Grad unter der Leistungsgrenze liegt.

Es ist also sehr wichtig, die entsprechenden speziellen Bewegungsmuster zu kennen und anwenden zu können.

Die folgenden Kapitel behandeln:
- Reibungstechnik
- Gegendrucktechnik
- Froschtechnik
- Klemmtechniken
- Stemmtechnik

Reibungstechnik

Generell versuchen wir, den Körperschwerpunkt über der Trittfläche zu halten. Das bedeutet auf geneigten Reibungsplatten, daß der Oberkörper entsprechend weit vom Fels entfernt ist. Die Hände balancieren lediglich das Gleichgewicht.

Hat man den Körperschwerpunkt nahe an der Wand, so drücken bzw. stützen die Hände gegen den Fels. Auf die Füße wirkt dabei eine gleich große, vom Fels weg gerichtete Kraft, die zum Abrutschen führen kann.

Dieser Effekt läßt sich leicht überprüfen, indem man, auf maximal steilen Reibungstritten stehend, den Körper langsam zum Fels neigt.

Umgekehrt läßt sich die Reibung der Füße noch erhöhen, wenn man unter Zuhilfenahme entsprechender Griffe den Körperschwerpunkt etwas hinter die Trittfläche verlagert (siehe Gegendrucktechnik).

Doch nicht nur die Schwerpunktlage, sondern auch die Trittechnik ist beim Reibungsklettern von großer Bedeutung.

Bezüglich Fußstellung und Beinarbeit gibt es eine Reihe wichtiger Techniksschwerpunkte, die für gleichmäßig geneigte Reibungsplatten zu beachten sind.

Praxistips:
- Reibungstritte werden vorzugsweise mit frontaler Fußstellung belastet (Ferse zeigt vom Fels weg).
- Die Ferse ist dabei entweder maximal tief (größtmögliche Fläche) oder in etwa horizontal angehoben (optimale Kraftübertragung im Zehen- und Ballenbereich).
- Kleine Schritte sind günstiger als große, da die jeweilige Schwerpunktverlagerung über das Standbein bei kleinen Verlagerungen leichter fällt.
- Aus dem gleichen Grund sind größere Spreizstellungen unsinnig.

Ist die Reibungsplatte unregelmäßig geneigt, hat sie einzelne Verflachungen oder Mulden oder handelt es sich um steilere Kletterei mit entsprechenden Reibungsgriffen und -tritten, so gelten die obigen Grundsätze nur mehr zum Teil.

Reibungsklettern: Der Schwerpunkt befindet sich über der Trittfläche

BEWEGUNGSTECHNIK UND TAKTIK

Praxistips:
- Frontale Antretposition wie vorher.
- Fersenhöhe in Mittelstellung (das Absenken der Ferse kann bei kleinen Reibungsmulden bewirken, daß die Mulde nicht mehr optimal zu nützen ist, daß der Fuß sozusagen aus der Mulde kippt).
- Mulden und Verflachungen nützen und dafür auch große Schritte und Spreizstellungen in Kauf nehmen.
- Sofern positive Griffkanten vorliegen, kann der Körperschwerpunkt etwas nach hinten verlagert werden. So lassen sich große Trittabstände mit steilen Zwischentritten überwinden (siehe Gegendrucktechnik).

Gegendrucktechnik

Bei der Gegendrucktechnik wird der Körperschwerpunkt absichtlich von der Trittfläche weg verlagert.
Dadurch entsteht Zug an den Armen und Gegendruck an den Füßen. Man kann auf diese Art trittlose steile Stellen als Reibungstritte nutzen.
Im deutschsprachigen Raum existiert für die Gegendrucktechnik der weitverbreitete Begriff »Piaztechnik« oder »piazen«. Interessanterweise sprechen die Franzosen die Erfindung dieser Kletterart nicht Tita Piaz, sondern Hans Dülfer zu und sprechen demgemäß von einer »passage de Dülfer«.

Unten links: Gegendrucktechnik

Mitte und unten rechts: Gegendrucktechnik mit Übergreifen

Die Gegendrucktechnik läßt sich in unterschiedlichen Situationen anwenden.
- An spitzwinkligen Kanten: Hierzu darf die Kante maximal senkrecht sein. Ist sie steiler, würde man um die Kante herumpendeln.
- An Rissen: Hierbei muß mindestens eine der Rißkanten deutlich ausgeprägt sein. In Rissen ist allerdings meist eine Klemmtechnik ökonomischer.
- An Schuppen.
- Im Verlauf normaler Wandkletterei, wenn steile Reibungstritte genützt werden sollen.

Praxistips:
- Gestreckte Arme helfen, unnötige Anspannung der Oberarm- und Rückenmuskulatur zu vermeiden.
- Den Abstand zwischen Armen und Beinen so groß wie möglich halten (ein kleiner Abstand bewirkt erhöhte Zugkräfte an den Armen).
- Ein Übergreifen der Hände ermöglicht zügiges Weiterklettern.
- Wenn das Übergreifen kraftbedingt nicht mehr möglich ist, kann auch nachgegriffen werden.
- Mit den Füßen etwa in Fallinie der Hände antreten (seitliches Antreten verursacht Wegpendeln in die eine oder andere Richtung).
- Verflachungen und Tritte nützen.

Klettertechniken und Technikelemente

Je besser die Tritte sind, desto geringer ist die erforderliche Schwerpunktverlagerung. Es gibt also einen fließenden Übergang zwischen der »normalen Wandtechnik« und der Gegendrucktechnik.

Häufig werden beide Techniken auch in raschem Wechsel nacheinander angewendet. Muß beispielsweise zwischen zwei guten Tritten auf Reibung angetreten werden, verlagert man in diesem Fall den Schwerpunkt nur während des Antretens auf dem Reibungstritt, um ihn sofort anschließend wieder über die Trittfläche zu bringen. Dies ist in jedem Fall weniger anstrengend als der Klimmzug, der nötig wäre, wenn man den Reibungstritt auslassen würde.

Froschtechnik

Die Froschtechnik läßt sich gut an bauchigen Passagen und an stumpfen oder spitzen Kanten anwenden. Besonders bei großen Trittabständen ist sie außerordentlich ökonomisch.
Bei guter Hüftbeweglichkeit kann man die Froschtechnik auch in einer planen Wand effektiv einsetzen. Weniger bewegliche Kletterer bekommen hier jedoch ihren Schwerpunkt nicht mehr »an den Fels«. Sie dürften bei Wandkletterei mit der Eindrehtechnik besser beraten sein (siehe dort).

Die Froschtechnik ist durch den folgenden Ablauf charakterisiert:
- Im Bereich der Kante hoch antreten, das Knie seitlich abwinkeln und auf der Ferse absitzen.
- Schwerpunktverlagerung über den Tritt oder sogar seitlich über den Tritt hinaus.
- Zweiten Fuß ebenfalls seitlich abwinkeln und den Fuß etwa auf Höhe des ersten Fußes plazieren.
- Gegebenenfalls seitliche Schwerpunktrlagerung zurück über die Trittfläche.
- Aus der beidbeinig abgehockten Position (Froschstellung) höhergreifen.
- Körperhub aus beiden Armen und beiden Beinen.

Durch die Verteilung des Körperhubs auf beide Arme und beide Beine müssen die einzelnen Muskeln nur wenig angespannt werden. Daraus erklärt sich die Tatsache, daß mit der Froschtechnik große Trittabstände sehr ökonomisch überwunden werden können.

Von links nach rechts: Fließender Übergang zwischen Wandtechnik und Gegendrucktechnik

Von links nach rechts: Froschtechnik

BEWEGUNGSTECHNIK UND TAKTIK

Praxistips:
- Bei Kanten kann die Kante mit beiden Füßen »geklammert« werden, was die Nutzung steiler Reibungstritte möglich macht.
- Wenn für den zweiten Fuß kein Tritt vorhanden ist, empfiehlt es sich, diesen auf Reibung gegen die Wand zu stellen. Er kann auf diese Weise zumindest einen gewissen Anteil des Körperhubs übernehmen.

Stemmtechniken

Die Stemmtechniken beruhen auf Gegendruck zwischen dem Rücken einerseits und Füßen, Händen oder Knien andererseits. Sie werden in Kaminen unterschiedlicher Breite, Körperrissen und spitzwinkligen Verschneidungen angewendet.

Nach HARTMUT MÜNCHENBACH können die Stemmtechniken in drei unterschiedliche Varianten eingeteilt werden.

Parallelstemme:
- Ausgangsposition: Beide Füße erzeugen den Gegendruck zum Rücken.
- Die Hände werden etwa auf Höhe der Taille rückseitig plaziert.
- Zwischen den Händen und den Füßen wird Gegendruck aufgebaut.
- Der Felskontakt des Rückens wird kurzzeitig aufgehoben; der Körperhub erfolgt mittels Durchstützens der Arme.
- Der Rücken wird wieder gegen die Wand gelehnt, die Füße treten höher.

Wechselstemme:
- Ausgangsposition: Beide Füße erzeugen den Gegendruck zum Rücken.
- Ein Bein wird abgewinkelt und der Fuß rückseitig möglichst hoch plaziert.
- Ein Arm wird vorderseitig auf Stütz gesetzt.
- Aus dieser Stellung wird der Rücken vom Fels gelöst und der Körper höhergeschoben.
- Der Rücken wird wieder gegen die Wand gestemmt und der rückseitig plazierte Fuß vorderseitig höhergesetzt.

Kniestemme:
In engen Kaminen bzw. Körperrissen kann der Gegendruck nur noch mit den Knien realisiert werden. Die Fortbewegung ist mühsam; der Körperhub erfolgt nur noch in sehr kleinen Schritten.
- Der Gegendruck wird zwischen den rückseitig gesetzten Füßen, den Knien und dem Gesäß realisiert.
- Gleichzeitig baut man einen Gegendruck zwischen den vorderseitig auf Stütz gesetzten Händen und dem Schultergürtel bzw. dem Trizeps auf.
- Der Körperhub erfolgt durch wechselseitiges Höherschieben (rechts/links) von Schultergürtel und Hüfte.

Von links nach rechts: Parallelstemme

Ganz rechts: Kniestemme

Klettertechniken und Technikelemente

Klemmtechniken

Werden die Kamine bzw. Risse noch enger, so erfordern sie anstelle der Kniestemme verschiedene Formen der Klemmtechnik.

Mit abnehmender Rißbreite spricht man von:
- Schulterriß
- Faustriß
- Handriß
- Fingerriß

Praxistips:
- Gibt es Rißverengungen, diese für die jeweilige Klemmtechnik nützen.
- Während des Klemmens darf das verklemmte Körperteil nicht rutschen (sonst Gefahr von Hautabschürfungen und erhebliche Verletzungsgefahr bei Stürzen).
- Sind schmerzhafte Klemmstellen zu erwarten, können Finger oder Handrücken mit Tape geschützt werden.

Schulterriß:
Schulterrisse werden mit einer Körperhälfte im Riß geklettert. Oft muß man bereits zu Beginn des Risses entscheiden, ob man ihn links oder rechts klettern möchte – ein späteres Wechseln kann problematisch sein.
Der innere Arm klemmt Handballen gegen Trizeps. Dabei sind mehrere Stellungen möglich:
- Klemmen Handballen gegen Trizeps (1): Der Ellenbogen ist maximal gebeugt und der Unterarm voll nach außen rotiert.
- Klemmen Handballen gegen Trizeps (2): Der Ellenbogen ist mit ca. 90° gebeugt, der Unterarm zeigt nach oben. Die Klemmwirkung entsteht durch eine Drehbewegung im Oberarm.
- Klemmen Handballen gegen Trizeps (3): Der Ellenbogen ist weitgehend gestreckt. Die Klemmwirkung entsteht durch Beugen des Unterarms.
- Der äußere Arm unterstützt ziehend oder stützend an der Rißkante.
- Die Füße werden längs oder gegebenenfalls gemeinsam (längs und quer) verklemmt.

Von links nach rechts:
Wechselstemme

Unten:
Schulterriß

BEWEGUNGSTECHNIK UND TAKTIK

Links:
Faustriß

Mitte:
Handriß

Rechts:
Fingerriß

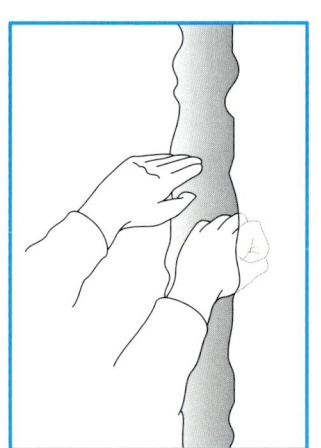 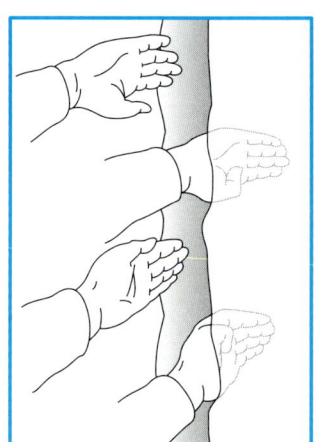 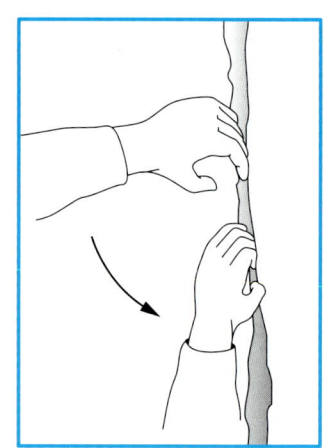

Faustriß:
Von Faustriß spricht man, wenn die Rißbreite ein Verklemmen der Faust zuläßt.
- Die Hand wird im Riß zur Faust geballt. Die Klemmwirkung soll im Bereich der Fingergrundgelenke von kleinem Finger und Zeigefinger entstehen.
- Normalerweise zeigt der Handrücken nach oben.
- Die Füße treten im Riß an. Gegebenenfalls muß der Fuß mittels Rotation auf Gegendruck Innenballen gegen Fersenaußenseite verklemmt werden.

Handriß:
- Die Klemmwirkung wird mit dem Daumenballen erzeugt, indem man den Daumen vor den Handteller bewegt und die entsprechende Muskulatur anspannt.
- Meist wird beidhändig in Daumen-oben-Position geklemmt.
- Bei schräg verlaufenden Rissen klemmt die obere Hand oft auch in Daumen-unten-Position.
- Achtung: Bei Daumen-unten-Position sind keine übergreifenden Durchläufer möglich.
- Die Füße klemmen im Riß. Dazu wird der Fuß seitlich aufgekantet, in den Riß gesteckt und so weit geradegedreht, daß eine ausreichende Klemmwirkung entsteht.

Fingerriß:
- Die Finger werden im allgemeinen in Daumen-unten-Position in den Riß gesteckt.
- Bei Belastung drehen sich die einzelnen Finger im Riß. Dadurch entsteht die Klemmwirkung.
- Achtung: Das Drehen der Finger ist wenig physiologisch und kann zu Verletzungen oder Überlastungsschäden führen.
- Für weite Durchläufer müssen die Finger in der weniger gut klemmenden Daumen-oben-Position eingesetzt werden.
- Die Füße nützen Tritte, treten in der Rißspur an oder müssen im ungünstigsten Fall auf Reibung gesetzt werden.

Mantle

Das sogenannte Manteln ist erforderlich, wenn an einem großen Griff oder kleinen Absatz durchgestützt werden muß oder man am Ausstieg einer Route ohne Zuggriffe aufstehen soll.

Durchführung:
- Mit einer mehr oder weniger dynamisch ausgeführten Zugbewegung wird der Oberkörper so weit hochgebracht, daß einer der beiden Arme in Stützstellung umgesetzt werden kann.
- Anschließend wird auch der zweite Arm in Stützstellung gebracht und der Körper vollständig durchgestützt.
- Nun werden die Hände nacheinander nach außen gedreht, der Körper bleibt in der durchgestützten Position (an manchen Stellen genügt auch das Umsetzen einer Hand).

Klettertechniken und Technikelemente

- Ein Fuß wird so nahe wie möglich neben der entsprechenden Hand plaziert.
- Zuletzt kann man je nach Situation entweder maximal weit hochgreifen oder vollständig aufstehen.

Durchführung:
- Zunächst wird der Foothook plaziert.
- Nach einer Zugbewegung bringt man die Foothook-seitige Hand in Stützstellung.
- Unter Zuhilfenahme der äußeren Hand wird vollends durchgestützt.
- Zum Aufstehen bzw. durchgestützten Weitergreifen setzt man den hochgestellten Fuß häufig etwas näher an den Körper.

Von links nach rechts:
Mantle

Durchstützen mit Foothook

Die Durchstütztechnik mit Foothook wird wie der Mantle am Ausstieg oder in Wandstellen mit extrem weiten Griffabständen angewendet. Sie erfordert aber entweder eine längere Griffleiste oder eine separate Möglichkeit für den Foothook.

Von links nach rechts:
Durchstützen mit Foothook

BEWEGUNGSTECHNIK UND TAKTIK

Oben links:
Finger hängend

Oben rechts:
Finger flach

Unten links:
Finger aufgestellt

Unten rechts:
Finger spitz aufgestellt

Stabil Weitergreifen

Nachdem im vorhergehenden Kapitel wesentliche Bewegungsmuster dargestellt worden sind, wenden wir uns jetzt der Problematik zu, daß ein gegebener Griff nicht gehalten bzw. der nächste Griff nicht erreicht werden kann. In diesem Zusammenhang erfolgen zunächst einige grundlegende Aussagen zur Grifftechnik.

Grifftechnik

Dieses Kapitel umfaßt die unterschiedlichen Griffarten, die Fingerstellung an kleinen Griffen und das »weiche Greifen«.
Weich zu greifen bedeutet, Griffe jeweils nur mit der gerade noch notwendigen Kraft zu halten. Häufig verstößt der Kletterer unbewußt gegen dieses Prinzip, vor allem in Angst- und Streßsituationen (Vorstieg bei schlechter Absicherung).
Der Grund für dieses weiche Greifen liegt auf der Hand. Wer sich mehr als nötig festhält, verschwendet Kraft, die ihm dann anschließend fehlt.

Das weiche Greifen läßt sich üben, indem man knapp über dem Boden die Spannung der Fingerbeuger langsam immer mehr nachläßt. Auf diese Weise kann der Punkt ausgelotet werden, an dem man gerade noch nicht herunterfällt.

Griffe, insbesondere schmale Leisten, können mit unterschiedlichen Fingerstellungen gehalten werden:
- hängend
- flach
- aufgestellt
- spitz aufgestellt

Die Griffart mit hängenden Fingern ist am wenigsten verletzungsgefährdend. Schmale Leisten können mit dieser Griffart aber weniger gut gehalten werden als mit flachen oder aufgestellten Fingern. Die Griffart mit flachen Fingern ist oft in Schlitzen erforderlich.

Klettertechniken und Technikelemente

Bei der Griffart mit aufgestellten Fingern wird der Daumen gern zur Unterstützung über den Zeigefinger gelegt (siehe Abbildung). Die Belastung der Gelenke ist allerdings bei den Techniken mit aufgestellten und mit flach aufgestellten Fingern extrem hoch und kann daher zu Verletzungen führen. Im Training sollte das Aufstellen der Finger deshalb vermieden oder wenigstens stark eingeschränkt werden.

Physiologisch besser ist an schmalen Leisten das Greifen mit spitzen Fingern, das aber einerseits schmerzhaft für die Fingerkuppen und andererseits koordinativ schwierig auszuführen ist.

Griffe werden je nach Belastungsart in Zuggriffe und Stützgriffe unterteilt. Die Zuggriffe ihrerseits können unterteilt werden in Obergriffe, Seitgriffe und Untergriffe, wobei Obergriffe meist gemeinhin als »Griff« bezeichnet werden.

Ist ein Griff einwärts geneigt, nennt man ihn positiv. Analog werden abschüssige Griffe negativ genannt. Große, rundliche negative Griffe heißen »Aufleger« oder »Sloper«. Kann man einen Griff mittels Gegendruck des Daumens packen, so spricht man von Zangengriff oder »Pincher«.

Darüber hinaus gibt es alle möglichen Arten von Löchern, die nach der darin unterzubringenden Fingerzahl eingeteilt werden (Einfingerloch, Zweifingerloch etc.).

Praxistips:
- Weich greifen.
- Wenn möglich mit hängenden Fingern greifen.
- Belastungsrichtung beachten.
- Griffwechsel: Sofern ein Griffwechsel erforderlich ist, den Griff von vornherein so nehmen, daß auch die zweite Hand noch ausreichend Platz findet.
- Schüttelgreifen: Während des Weitergreifens wird der Arm zur Erholung kurz nach unten geführt und geschüttelt.
- Test: Zweifelhafte Griffe sind vor Belastung auf ihre Festigkeit zu prüfen. Diese beurteilt man nach dem Klang beim Anklopfen mit dem Handballen. Je dumpfer der Klang, desto weniger hält der Griff voraussichtlich (analog zu den Tritten).

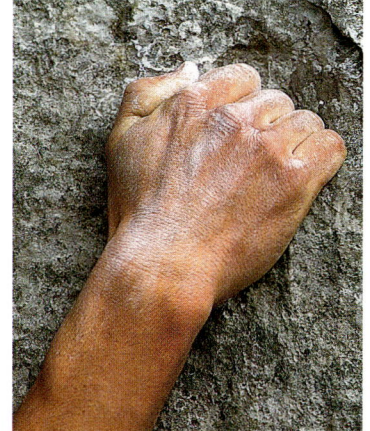 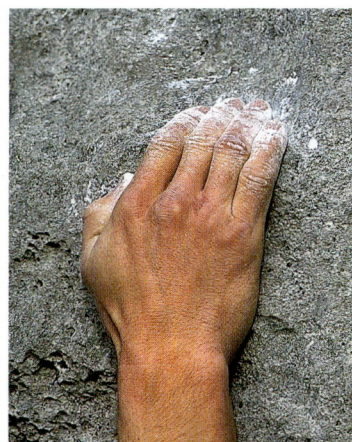
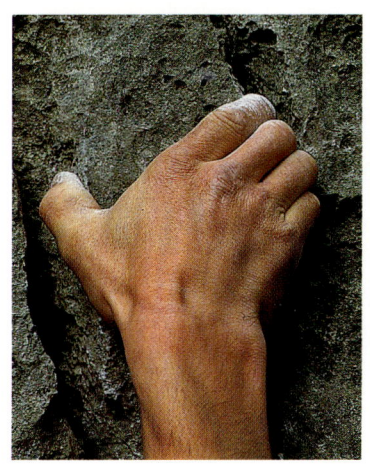 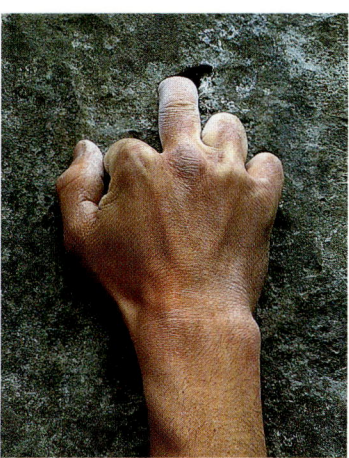

Oben links:
Positiver Griff

Oben rechts:
Sloper

Unten links:
Zangengriff

Unten rechts:
Fingerloch

Schwerpunktlage

Generell wird versucht, den Körperschwerpunkt über der Trittfläche zu halten. Solange dies gelingt, ist das Klettern wenig ermüdend für die Arme und das Weitergreifen unproblematisch. In der Praxis ist diese kraftsparende Technik aber nicht immer möglich. In Überhängen kann sie nicht gelingen, und bei der Gegendrucktechnik verlagern wir den Körperschwerpunkt absichtlich seitlich oder nach hinten. Beide Situationen sind naturgemäß relativ anstrengend.

Einer der zu Anfang angesprochenen Problemfälle ist das Scheitern des Weitergreifens, weil der andere Griff allein nicht gehalten werden kann. Dies kann daran liegen, daß der Schwerpunkt sich zu weit hinter der Trittfläche befindet. Es gilt in diesem Fall, den Schwerpunkt näher an die Wand zu bringen.

BEWEGUNGSTECHNIK UND TAKTIK

Praxistips:
- Bei unterschiedlich hohen Tritten das gebeugte Knie seitlich wegklappen (nicht vor dem Körper abwinkeln).
- Gegebenenfalls hoch antreten und mit seitlich abgewinkeltem Knie auf der Ferse absitzen.
- Beim frontalen Klettern kann der Körperschwerpunkt näher an der Wand plaziert werden als bei dem im nächsten Kapitel beschriebenen eingedrehten Klettern.

Praxistips:
- Die Techniken (frontal bzw. eingedreht) können gut miteinander verglichen werden, indem man sie beide an derselben Stelle ausprobiert.
- Entweder man vergleicht dabei die jeweils maximal erreichbare Höhe oder den nötigen Kraftaufwand, um einen vorgegebenen Zielgriff zu erreichen.
- Beim Eindrehen darauf achten, daß die Schulter der haltenden Hand vom Fels weg zeigt.

Von links nach rechts:
Absitzen auf der Ferse mit seitlich weggeklapptem Knie

Eingedrehte Position, korrekte Antrethöhe für den erreichten Griff

Ungünstige Hebelverhältnisse: für den erreichten Griff zu hoch angetreten

Eindrehen

Es bestehen prinzipiell zwei Möglichkeiten für die Körperhaltung:
- frontale Position
- eingedrehte Position

Während die frontale Position den Körperschwerpunkt etwas näher an die Wand bringt, bietet das Eindrehen erhebliche Vorteile bei der Kraftübertragung.
Die Schulter der haltenden Hand wird beim Eindrehen vom Fels weggedreht. Die Drehung bezieht den ganzen Körper mit ein.
Der zum Fels zeigende Fuß wird mit dem Außenrist aufgesetzt. In dieser Position kann der haltende Arm häufig gestreckt bleiben. Dadurch spart man im Vergleich zum frontalen Klettern eine Menge Körperkraft.
Besonders bei Seitgriffen lassen sich in der eingedrehten Position große Griffabstände auf ökonomische Art und Weise überwinden.

Antrethöhe

Auch die Höhe der für einen bestimmten Zug gewählten Tritte beeinflußt erheblich die erforderliche Haltekraft. Hat man die Tritte zu hoch gewählt, so ist es schwierig, den Körperschwerpunkt entsprechend nah an die Wand zu bringen. Man muß sich also unnötig festhalten.
Sind andererseits die Tritte zu tief gewählt, so erreicht man den nächsten Griff nicht oder nur überstreckt.

Praxistips:
- Zum Weitergreifen die Höhe der Tritte so wählen, daß man den Zielgriff gerade gestreckt erreicht (nicht überstreckt).
- Ausnahme: Bei konvexen Überhängen kann das obenwgenannte hohe Antreten in Verbindung mit dem Absitzen auf der Ferse dagegen eine Kraftersparnis bewirken.

Klettertechniken und Technikelemente

Grundsätzliches zum dynamischen Klettern

Um dynamisch zu klettern, beschleunigt man seinen Körper und nützt die am Ende der Beschleunigung auftretende Phase von »Schwerelosigkeit« zum Weitergreifen.
Der Könner greift im »toten Punkt«, wie der Umkehrpunkt auch bezeichnet wird. Davon leitet sich auch die öfter verwendete Bezeichnung »Totpunktklettern« ab.

Dynamisches Klettern nützt also Schwung- und Trägheitsmomente aus und ist in den nachfolgend aufgelisteten Fällen zwingend anzuwenden:
- Bewegungen können infolge mangelnder Kraft nicht mehr statisch ausgeführt werden.
- Die Griffe sind so klein, daß einer allein beim Weitergreifen nicht gehalten werden kann.
- Es müssen sehr große Griffabstände überbrückt werden.

Während das dynamische Klettern unterhalb der Leistungsgrenze durchaus reversibel ist, kann im Bereich der Leistungsgrenze die Bewegung nicht mehr rückgängig gemacht werden. Schlägt ein Versuch fehl, so kommt es zum Sturz.
Im folgenden werden einige Grundsätze des dynamischen Kletterns dargelegt. Das beschriebene Beschleunigen der Hüfte basiert auf analytischen Beobachtungen von Rudi Klausner, dem Trainer der Deutschen Sportkletter-Nationalmannschaft. Der Bewegungsablauf wird momentan unter der Bezeichnung »Welle« geführt.

Technikschwerpunkte:
- Die Bewegung wird mit einer Beschleunigung der Hüfte in die gewünschte Richtung eingeleitet.
- Anschließend wird, sozusagen im Totpunkt der Hüfte, auch der Oberkörper beschleunigt.
- Das Umgreifen wird gegen Ende der Schwungbewegung eingeleitet, das Fassen des Griffs erfolgt im Umkehrpunkt der Bewegung.

Gegenüber einem dynamischen Zug ohne Hüftbeschleunigung ergeben sich die folgenden Vorteile:
- Die Hüftbeschleunigung (und damit ein Teil der erforderlichen Arbeit) geschieht an gestreckten Armen.
- Die Hüfte befindet sich nach der Beschleunigung nahe am Fels und bestmöglich über der Trittfläche. Dadurch kann in diesem Moment maximale Hubarbeit aus den Beinen erfolgen.
- Durch die Aufteilung der Bewegung in zwei Phasen ergibt sich eine gewisse zeitliche Verlängerung der Beschleunigungsphase und damit die Möglichkeit zu einem weicheren Beschleunigen, das weniger Haltekraft erfordert.

Dynamische Züge nach oben

In den meisten Fällen erfolgt die Beschleunigungsrichtung bei dynamischen Zügen vertikal nach oben. Beschleunigt man nicht vertikal, sondern schräg, so verwandelt sich der Umkehrpunkt der Bewegung in eine horizontale Bewegungsphase. Diese ist meist vom Fels weg gerichtet und daher schwierig zu stabilisieren.

Von links nach rechts: Dynamischer Zug; gut zu erkennen ist die vertikale Beschleunigungsrichtung

Praxistips:
- Die Beschleunigung wird durch maximales Tiefgehen eingeleitet.
- Sie erfolgt auch im überhängenden Fels möglichst senkrecht nach oben.
- Mit Hilfe der Wellenbewegung soll die Beschleunigung soweit wie möglich aus den Beinen kommen.

BEWEGUNGSTECHNIK UND TAKTIK

- Um im Umkehrpunkt greifen zu können, muß das Weitergreifen bereits gegen Ende der Aufwärtsbewegung eingeleitet werden. Wird der Zeitpunkt verpaßt, ist mehr Kraft zum Fixieren des Griffs erforderlich.
- Die Führungshand unterstützt den Körperschwung und besonders den Moment des Griffassens. Dadurch wird der Umkehrpunkt der Bewegung etwas verlangsamt und ein präziseres Greifen ermöglicht.
- Nach dem Erfassen des Griffs wird sofort Körperspannung aufgebaut, um die Umkehrbewegung abzufangen.
- Mindestens ein Fuß soll auf seinem Tritt verbleiben.

Es kommt vor, daß Griffe angesprungen werden müssen. Dies kann während der Kletterei oder vom Boden aus der Fall sein.

Praxistips:
- Durch Tiefgehen wird ausreichend Schwung geholt.
- Eine Hand als Führungshand am Fels erhöht die Präzision beim Griffassen.
- Bei Sprüngen vom Boden aus kann die Form des Griffs vorab durch Probesprünge ertastet werden.

Von oben nach unten: Dynamischer Trittwechsel

Stabilisieren der offenen Türe

Bisher wurden Techniken ausgeführt, die es ermöglichen, einen schwer zu haltenden Griff zu stabilisieren. Häufig geht es in der Praxis allerdings auch darum, daß der Griff zwar gehalten werden kann, daß aber das Weitergreifen trotzdem problematisch ist. Man würde in einem solchen Fall beim Weitergreifen seitlich wegkippen.

Dieser Effekt entspricht einer schief hängenden Türe und wird in Analogie dazu als »offene Türe« bezeichnet.

Er tritt auf, wenn die beiden folgenden Bedingungen erfüllt sind:
- Der zu haltende Griff (besonders Seitgriff) befindet sich seitlich außerhalb der Trittfläche.
- Die Wand ist so steil, daß der entstehende Dreheffekt von der Wand weg gerichtet ist.

Die folgenden Kapitel beschreiben unterschiedliche Techniken, um derartige Positionen zu stabilisieren.

Trittwechsel

Aus dem gerade Gesagten ergibt sich, daß die offene Türe stabilisiert werden kann, indem man die Trittfläche unter den Griff verlegt.

Dazu ist häufig ein Trittwechsel geeignet. Den freien Fuß setzt man anschließend auf einen neuen Tritt oder stellt ihn nur zum Stabilisieren gegen die Wand.

Um auf dem gegebenen Tritt den Fußwechsel durchzuführen, bestehen unterschiedliche Möglichkeiten.
- Trittwechsel mit Zwischentritten: Hierbei werden zwei Zwischentritte benötigt, um letztendlich den anderen Fuß auf den ursprünglichen Tritt zu bekommen.
- Dynamischer Trittwechsel: Dabei wird der freie Fuß direkt über den anderen gestellt und dann der untere Fuß nach einer leichten Hochentlastung herausgezogen.

Klettertechniken und Technikelemente

Der Trittwechsel ist durchzuführen, wenn ein Überkreuztreten (siehe unten) nicht gelingt oder wenn er zu einer Kletterstellung führt, die ohnehin in die weitere Bewegungsabfolge paßt.

Beine kreuzen

Ein Überkreuzen der Beine erzielt ähnliche Effekte wie der Trittwechsel. Das betreffende Bein kann dabei vorn- oder hintenherum überkreuzt werden.

Praxistips:
- Der überkreuzte Fuß wird zum Stabilisieren auf einen Tritt gestellt oder lediglich gegen die Wand gedrückt.
- Je weiter die überkreuzten Beine seitlich voneinander entfernt sind, desto größer ist die stabilisierende Wirkung bei gleichem Krafteinsatz.

Die Technikschwerpunkte sind:
- Der belastete Fuß steht auf dem Innenballen, das Bein ist gestreckt.
- Der gesamte Körper wird durch eine Vierteldrehung in eine seitliche (eingedrehte) Position gebracht (die Schulter der haltenden Hand zeigt vom Fels weg).
- Der freie Fuß wird innen vorbei überkreuzt und gegen die Wand gestellt.

Physikalisch betrachtet muß bei beiden Techniken der Anpreßdruck des Fußes durch festeres Halten des Griffs ausgeglichen werden, was einen erhöhten Kraftaufwand gegenüber den nachfolgenden Methoden bedeutet.

Von links nach rechts:
Offene Tür, was nun?

Hinten überkreuzen

Vorne überkreuzen

Belastung auf Zug nach außen

Das Überkreuzen der Beine hintenherum ist durch die folgenden Technikschwerpunkte gekennzeichnet:
- Der Körper bleibt in frontaler Stellung und möglichst nah an der Wand.
- Das belastete Bein wird leicht angewinkelt (Knie seitlich).
- Das andere Bein wird hinten überkreuzt und an die Wand gestellt.

Alternativ zu dieser Technik besteht die Möglichkeit, die Beine vornherum zu überkreuzen. Diese Technik ist vom Bewegungsablauf aufwendiger. Ihr Vorteil besteht in einer günstigeren Kraftübertragung (siehe Eindrehen) und damit größeren Reichhöhe.

Tritt auf Zug nach außen belasten

Das seitliche Wegkippen kann auch verhindert werden, indem der gegenüberliegende Fuß so plaziert bzw. belastet wird, daß er auch Zug nach außen (vom Fels weg gerichtet) aufnehmen kann. Soll zum Beispiel in einer Offenen-Tür-Situation die linke Hand weitergreifen (die rechte Hand hält), so muß der linke Fuß den Zug nach außen aufnehmen. Häufig geschieht dies unbewußt, etwa wenn für den linken Fuß ein guter Tritt existiert und dieser auch entsprechend belastet wird.
Allerdings gibt es neben dem reinen Belasten eines Trittes auch weitere Techniken, die allesamt zum selben Ziel führen, aber mit größter Wahrscheinlichkeit nicht unbewußt zum Einsatz kommen.

BEWEGUNGSTECHNIK UND TAKTIK

Dabei handelt es sich um:
- Verklemmen des Fußes
- Einhaken der Ferse (Heelhook)
- Einhaken von Zehe oder Rist

Alle diese Fußstellungen können entweder in frontaler Kletterhaltung oder in einer eingedrehten Position mit abgesenktem Knie realisiert werden (»Drop knee« oder »Ägypter«). Die eingedrehte Technik ist besonders dann anzuwenden, wenn seitlicher Gegendruck der Füße zum Stabilisieren genützt werden soll.

Zur Bewegungsausführung der eingedrehten Technik (Ägypter) ist folgendes zu beachten:
- Fuß plazieren.
- Knie nach innen drehen.
- Körper insgesamt eindrehen und den Körperschwerpunkt nahe an die Wand bringen.
- Geeigneten Gegendruck zwischen den beiden Füßen aufbauen und damit die Position stabilisieren (bei seitlich belastetem Tritt).
- Mit dem verklemmten Fuß den Körper zum Fels hinziehen (bei Fersen-, Zehen- oder Risthook).

Zur Technikausführung gilt im einzelnen:
- Den Körperschwerpunkt über den hohen Tritt verlagern und auf der Ferse absitzen bzw. das Bein stark beugen.
- Das Knie so weit wie möglich seitlich verschieben und gegen die Wand pressen.

Das Knie wirkt in diesem Fall ähnlich wie ein Überkreuzen der Beine oder das Anpressen des Fußes nach einem Trittwechsel. Es schafft einen Druckpunkt seitlich außerhalb der Drehachse. Durch entsprechend hohen Anpreßdruck wird das beim Weitergreifen auftretende Kippmoment stabilisiert.

Dynamische Züge zur Wand hin

Es gibt Stellen, an denen keine der beschriebenen Techniken anwendbar ist. Solche Stellen erfordern zwingend dynamische Züge. Prinzipiell können natürlich auch alle anderen Offene-Tür-Situationen durch dynamisches Klettern gelöst werden. Man bedenke dabei allerdings das mit dynamischen Zügen verbundene Sturzrisiko. Befindet sich der Zielgriff in Reichweite, so ist für den Zug keine Aufwärtsbeschleunigung erforderlich. Die Beschleunigung erfolgt mehr oder weniger horizontal zum Fels hin. Durch diese Richtung ist der Umkehrpunkt der Bewegung stark verlangsamt. Zum Vergleich kann das Tempo der Bewegungsumkehr einer Schiffschaukel kurz vor dem Überschlag herangezogen werden. Die Umkehr vollzieht sich sozusagen in Zeitlupe. Analog dazu ist der Totpunkt beim Klettern verlangsamt und kann für entsprechend präzises Griffassen genützt werden.

Unten links: **Ägypter**

Unten rechts: **Angelegtes Knie**

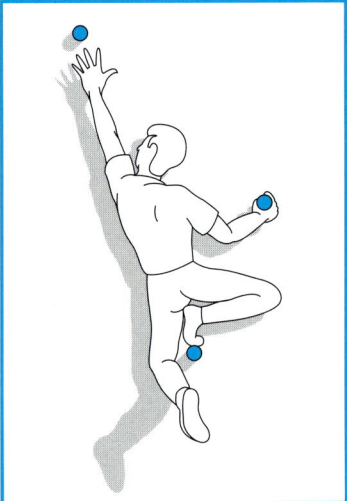

Knie anlegen

Sofern eine Offene-Tür-Situation auftritt, nachdem ein Fuß auf einem relativ hohen Tritt plaziert wurde, wirkt das Anlegen des zugehörigen Knies am Fels stabilisierend. Die Reichhöhe ist dabei allerdings begrenzt.

Praxistips:
- Genügend Schwung holen (steht weniger Weg zur Verfügung, so muß schneller beschleunigt werden).
- Weich beschleunigen (je schneller die Beschleunigung, desto größer die erforderlichen Haltekräfte).
- Gegebenenfalls die Beschleunigung durch eine Hüftbewegung einleiten (siehe Welle).
- Das Umgreifen gegen Ende der Einwärtsbewegung einleiten und den neuen Griff im Totpunkt fixieren.
- Beide Füße sollen auf den Tritten bleiben.

Klettertechniken und Technikelemente

Klettern von Überhängen

Natürlich gibt es Überhänge mit Griffen, an denen man sich auch trotz der besten Technik nicht festhalten kann. Andererseits sind nicht selten Technikfehler für ein Scheitern verantwortlich. Im Hinblick darauf behandeln die folgenden Kapitel einige wichtige Aspekte des Überhangkletterns.

Eingependelte Position

Ihre zentrale Rolle spielt die eingependelte Position bei Überhang- und Dachkletterei. Sie ist dadurch charakterisiert, daß eine stabile Position mit nur zwei anstelle von drei Haltepunkten vorliegt. Auch zur Lösung einer Offenen-Tür-Problematik kann diese Technik eingesetzt werden, wenn der Griff eine Belastung in die entsprechende Richtung erlaubt. Je überhängender eine Kletterstelle ist, desto häufiger wird dies der Fall sein.

Bei der eingependelten Position werden also lediglich ein Griff und ein Tritt benötigt. Man verlagert den Körperschwerpunkt seitlich, bis man spürt, daß die Stellung stabil ist. Dies tritt genau in derjenigen Position ein, die eine schief hängende Türe einnehmen würde, deren Scharniere an dem Griff und dem Tritt befestigt sind.

Beim Klettern von Überhängen ist die eingependelte Position ökonomisch, da keine zusätzlichen Gegendruckkräfte entstehen. Lediglich durch Einhaken der Füße können die erforderlichen Haltekräfte noch weiter reduziert werden.

Oft bedeutet Überhangklettern ein fließendes Wechseln von einer eingependelten Position zur nächsten. Man verlagert den Körperschwerpunkt jedesmal kontrolliert in die neue Position, aus der dann wieder ein stabiles Weitergreifen möglich wird.

Um große Griffabstände ökonomisch zu überwinden, kombiniert man die eingependelte Position mit der Eindrehtechnik. Auch die Wahl der Tritte (seitliche Lage) ist dabei von großer Wichtigkeit, da der Tritt als unterer Scharnierpunkt ja die jeweils stabile Lage mitbestimmt.

Soll aus einer eingependelten Position ein seitlich oben liegender Griff erreicht werden, so ist es nützlich, das frei hängende Bein in die Gegenrichtung zu verlagern. Es sorgt dann dafür, daß der Schwerpunkt beim Hochgreifen unverändert bleibt. Ohne dieses sogenannte Pendelbein würde man bei der seitlichen Greifbewegung ein Stück in die Gegenrichtung wegpendeln.

Seitliche Antretposition

Je überhängender eine Kletterstelle ist, desto angenehmer wirkt es sich aus, wenn ein Tritt etwa in Fallinie der haltenden Hand verwendet werden kann. Dies steht in Zusammenhang mit der eingependelten Position (siehe dort). Befinden sich Griff und Tritt in Fallinie, so ist die eingependelte Position praktisch identisch mit der »normalen« Kletterstellung. Liegen Griff und Tritt seitlich versetzt, so würde man nach rechts bzw. links pendeln.

Oben links: Weitergreifen aus der eingependelten Position

Oben rechts: Überkreuztes Pendelbein

In der Kombination von Einpendeln, Eindrehen und Trittwahl lassen sich einige wichtige Technikschwerpunkte formulieren:
- Griff fassen und Eindrehbewegung einleiten.
- Mit dem gegenüberliegenden Fuß etwa in Fallinie des Griffs mit dem Außenrist antreten.
- Tritthöhe dabei so wählen, daß der nächste Griff in angenehm gestreckter Position erreicht werden kann (siehe »Antrethöhe«).
- Zweiten Fuß rechts oder links seitlich zum Stabilisieren setzen.
- Der Körperhub erfolgt in der eingedrehten Position.

BEWEGUNGSTECHNIK UND TAKTIK

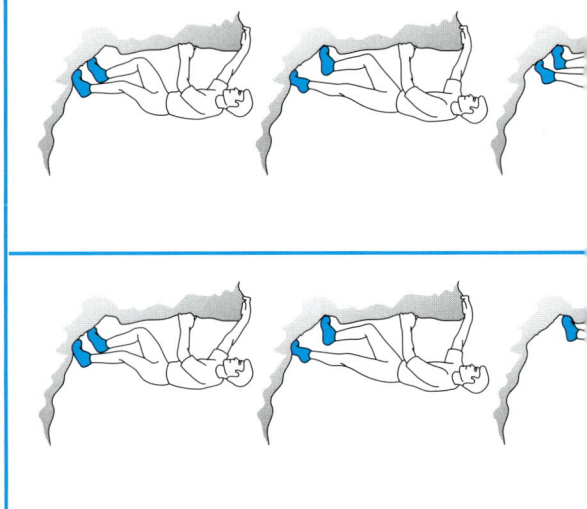

Obere Bildreihe:
Fußarbeit beim Eindrehen

Oben rechts:
Vermeiden des Pendelschwungs

- Der haltende Arm ist während des gesamten Ablaufs gestreckt oder leicht angewinkelt.
- Neuen Griff fassen und gegenläufige Eindrehbewegung einleiten.

Foothook

In steilen Überhängen und an Dachkanten sind Foothooks oft eine Erleichterung.

Sie können auf folgende Arten ausgeführt werden:
- Heelhook: Die Ferse wird eingehängt.
- Risthook: Der Rist wird eingehängt.
- Toehook: Die Zehenoberseite wird eingehängt.
- Fußklemmer: Der Vorderfuß wird aufgekantet, in den Riß gesteckt und verklemmt.

Unten von links nach rechts:
Absitzen auf dem Foothook-Bein

Physikalisch bedeutet jedes Einhängen eines Fußes eine Verminderung der notwendigen Haltekräfte für die Arme. Foothooks sollten genützt werden, wo immer sie möglich sind.

Häufig werden Foothooks auch eingesetzt, um eine langsame Schwerpunktverlagerung zu ermöglichen. Diese kann nötig sein, um den sogenannten Pendelschwung zu verhindern. Der Pendelschwung ist die im Zusammenhang mit einer schnellen Schwerpunktverlagerung auftretende Schleuderbewegung. Sie kann zum Sturz führen, da kurzzeitig eine ungünstige (nach außen gerichtete) Belastung der Griffe entsteht.

Wenn ein Foothook im Bereich einer Überhang- oder Dachkante möglich ist, erleichtert er den oft schwierigen Übergang in die nachfolgende Wand. Dabei wird der Fuß oberhalb der Dachkante eingehängt und kann dann einen erheblichen Anteil der notwendigen Zugarbeit übernehmen. Im weiteren Verlauf der Bewegungen wird man versuchen, so schnell wie möglich auf dem ursprünglich oben eingehängten Fuß abzusitzen, um die Arme zu entlasten.

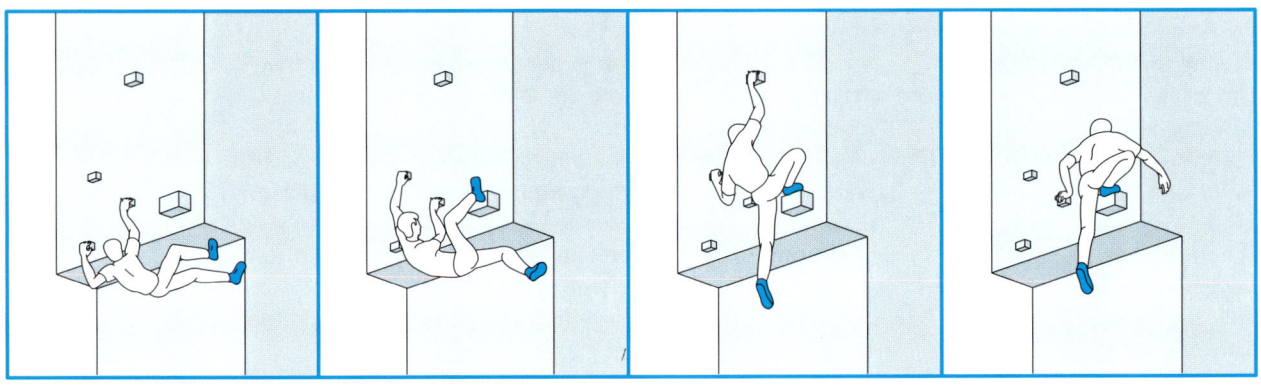

Klettertechniken und Technikelemente

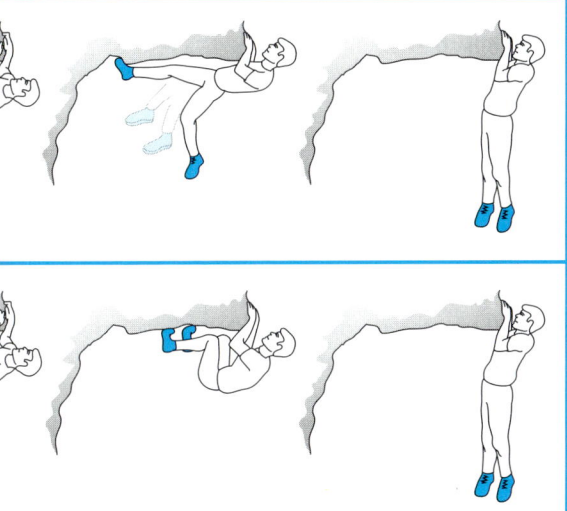

Abklettern

Abklettern gehört zu den elementaren Fertigkeiten des alpinen Kletterns. Im Bereich des Sportkletterns besitzt es nur untergeordnete Bedeutung.

Abklettern ist erforderlich bei:
- Abstiegen über schwierige Normalwege
- Rückzug aus einer Wand (z. B. Abklettern zur nächsten Abseilstelle oder Abklettern eines Vorbaus)
- Zurückklettern zur letzten sicheren Basis (wenn eine Kletterstelle zu schwer war oder wenn man sich verstiegen hat)

Abklettern kann in frontaler, seitlicher oder taloffener Position erfolgen.

Frontales Abklettern:
Frontales Abklettern erfolgt in derselben Haltung wie der Aufstieg (Gesicht zum Fels) und wird meist in schwierigeren Passagen angewendet.

Praxistips:
- In der aufrechten Ausgangsstellung tiefliegende Griffe fassen.
- Beine beugen und mit den Füßen absteigen, bis die Arme gestreckt sind.
- Oberkörper immer wieder kurzzeitig zurücklehnen, um die folgenden Tritte einzusehen.

Taloffenes Abklettern:
Diese Technik ermöglicht eine gute Übersicht. Die Griffe und Tritte sowie der Weiterweg sind leicht erkennbar. Taloffenes Abklettern wird überwiegend im leichteren Gelände angewendet.

Praxistips:
- Der Körperschwerpunkt befindet sich über der Trittfläche. In steilen Rinnen kann diese stabile Position durch Ausspreizen erreicht werden.
- Aus der stabilen Position heraus werden möglichst tief unten zwei Stützgriffe belastet. Der Oberkörper wird dabei nach vorn gebeugt.
- Anschließend steigen die Füße so weit ab, wie es die stützenden Arme zulassen.

Obere Bildreihe:
Frontales
Abklettern

Untere Bildreihe:
Taloffenes
Abklettern

BEWEGUNGSTECHNIK UND TAKTIK

Obere Bildreihe: Seitwärts Abklettern

Seitwärts Abklettern:
Seitwärts Abklettern erfolgt in seitlicher Position. Der bergseitige Arm übernimmt die wesentliche Stütz- und Haltefunktion.

Praxistips:
- Der Körperschwerpunkt bleibt stets über der Trittfläche.
- Es können sowohl Zug- als auch Stützgriffe verwendet werden.
- Der Abstieg erfolgt oft in kurzen Serpentinen.

Die Wahl der Abklettermethode ist von der Psyche des Kletterers abhängig. Besonders beim taloffenen Abklettern wirken Tiefe und Ausgesetztheit. Nur trittsichere und schwindelfreie Personen steigen taloffen oder seitlich auch schwierigeres Gelände ab. Anfänger bevorzugen meist das frontale Abklettern, da ihnen durch den Blickkontakt zum Fels die Ausgesetztheit weniger bewußt wird. Außerdem besteht in der frontalen Position die Möglichkeit, wieder nach oben zu klettern, ohne daß man dabei den Körper drehen muß.

Rasten

Rasten ermöglicht die Regeneration ermüdeter Muskulatur. Das Erkennen und effektive Nützen von Rastpositionen gehört zu den wichtigsten Fähigkeiten, um schwere Routen klettern zu können. In der Praxis sind es fast immer die Fingerbeuger, die am meisten ermüden und somit die Leistung limitieren. Rastpositionen zielen deshalb primär auf eine Entlastung der Unterarmmuskulatur ab.

Rasten ohne Belastung der Arme (No-hand-rests):
Rastpositionen ohne oder mit nur ganz geringer Belastung der Arme gestatten eine vollständige Regeneration der Fingerbeuger. Der Grad der Erholung steigt mit zunehmender Verweildauer. Vor schwierigen oder lang anhaltenden Kletterpassagen können daher Rastzeiten von bis zu mehreren Minuten sinnvoll sein. Entscheidend für den Moment des Weiterkletterns ist das subjektive Empfinden des Regenerationszustandes. Dieses Empfinden kann durch eigene Praxiserfahrung und durch sensibles Wahrnehmen des eigenen Körpers verbessert werden.

Rasten mit Teilentlastung der Arme:
Auch in Positionen, die keine völlige Entlastung der Muskulatur zulassen, kann gerastet werden. Dabei erholt sich die Muskulatur bis zu einem gewissen Grad von der vorausgegangenen Belastung. Es kommt trotz insgesamt zunehmender Ermüdung zur Resynthese von ADP zu ATP (Adenosintriphosphat, Energielieferant des Stoffwechsels), so daß anschließend wieder schwerere Kletterzüge möglich werden.
Bei dieser Art des Rastens soll der benützte Griff bzw. sollen die benützten Griffe abwechselnd gehalten werden; der jeweils belastungsfreie Arm wird locker hängengelassen und leicht geschüttelt.
Derartiges Rasten ist häufig eine Gratwanderung. Liegt die Belastung zu hoch, so kann durch die fortschreitende Milchsäurebildung statt der erhofften Erholung das Gegenteil eintreten (»Totschütteln«). Es bedarf also wiederum einer ausgeprägten Sensibilität dem eigenen Körper gegenüber, um die optimale Verweildauer für eine gegebene Rastposition zu erkennen.

Praxistips:
- Unnötige Muskelanspannungen vermeiden.
- Gegebenenfalls durch den Einsatz erhöhter Körperspannung die Unterarmmuskulatur entlasten.
- Rasten erfolgt im allgemeinen in Endstellungen der Knie (gestreckt oder abgehockt) und mit gestreckten Armen.

Klettertechniken und Technikelemente

Der Phantasie sind keine Grenzen gesetzt, wenn es darum geht, Rastpositionen oder No-hand-rests zu finden und einzunehmen. Ein hohes Maß an Beweglichkeit erweitert in jedem Fall die individuellen Möglichkeiten.

Nachfolgend sind charakteristische Felsstrukturen und die jeweils zugehörigen typischen Raststellungen genannt.
- Verschneidungen und konkave Wandbereiche: Spreizen und Stützen
- Kamine: Spreizen oder Stemmen
- Bänder, Leisten, Kanten: Heelhook
- große Felslöcher: Klemmen Knie gegen Fuß
- Risse: Klemmen

Im Hinblick auf die erfolgreiche Durchsteigung einer schwierigen Sportkletterroute ist es sinnvoll, die Fingerbeuger bei jeder Gelegenheit zu entlasten. Vorhandene Rastpunkte müssen auch wirklich genützt werden, insbesondere dann, wenn man über den weiteren Verlauf der Beanspruchung keine exakten Informationen hat. Stützpositionen sind anzuwenden, wo immer sie sich anbieten. Auch durch sogenannte taktische Belastungswechsel kann eine gewisse Regeneration erzielt werden.

Für taktische Belastungswechsel gibt es mehrere Möglichkeiten:
- Griffwechsel beim Einhängen von Sicherungen.
- Einen Griff nicht längere Zeit in gleichbleibender Stellung halten.
- Wechsel zwischen großen und kleinen Griffen anstreben (Mittel-/Endglieder).
- Fingerlöcher mit verschiedenen Fingern halten, gegebenenfalls auch mal mit dem Daumen.

Unten:
Typische Rastpositionen

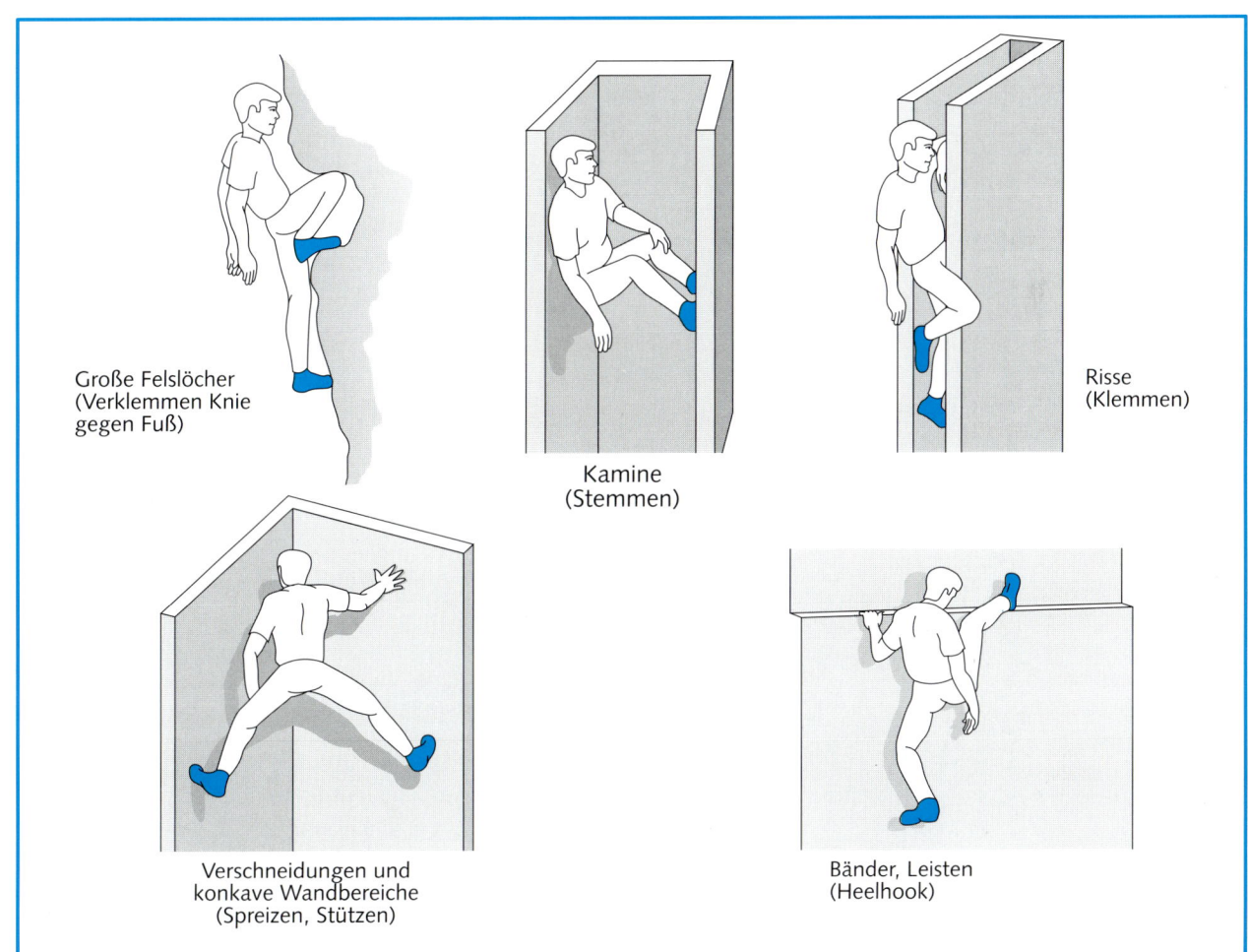

Große Felslöcher (Verklemmen Knie gegen Fuß)

Kamine (Stemmen)

Risse (Klemmen)

Verschneidungen und konkave Wandbereiche (Spreizen, Stützen)

Bänder, Leisten (Heelhook)

BEWEGUNGSTECHNIK UND TAKTIK

TAKTIK BEIM KLASSISCHEN FELSKLETTERN

Unter Taktik versteht man planmäßiges Handeln. Die Taktik umfaßt alle Maßnahmen und gedanklichen Vorbereitungen auf eine Tour sowie ihre Durchführung. Ziel der Taktik ist zum einen die Optimierung der Leistung und zum anderen die sichere Durchführung der Kletterei.

In diesem Zusammenhang sind die folgenden Punkte von Bedeutung:
- Überlegungen zur Tourenwahl
- zeitliche Planung
- Ausrüstung
- taktisches Verhalten beim Zustieg
- Vorbereitungen am Einstieg
- taktisches Verhalten während der Kletterei

Beim alpinen Klettern kommt der gewissenhaften Planung und Vorbereitung der jeweiligen Tour eine Schlüsselrolle zu.

Überlegungen zur Tourenwahl

Neben den eigenen Voraussetzungen sind Können, Kondition und psychische Belastbarkeit der jeweiligen Partner zu berücksichtigen. Die gesamte Seilschaft muß der geplanten Tour gewachsen sein. Ist ein Teilnehmer zu schwach, kann dies ein Sicherheitsrisiko darstellen – ganz abgesehen davon, daß der überforderte Teilnehmer auch die schönste Route höchstwahrscheinlich als Tortur erleben würde.

Alpenvereinsführer und Auswahlführer geben einen guten Überblick über Schwierigkeit, Länge und Besonderheiten des vorgesehenen Tourenziels. An äußeren Faktoren müssen die Wetterlage und die alpinen Verhältnisse beachtet werden.

Wetterberichte werden über Telefonansagen, Zeitungen, Funk und Fernsehen angeboten. Vergleichsweise detailliertere Informationen gibt der AV-Wetterbericht (Tel: 089/295070).

Informationen über die alpinen Verhältnisse können bei der Alpinen Auskunft des Deutschen Alpenvereins (Tel: 089/294940), bei Alpenvereinshütten oder bei Bergführerbüros erfragt werden.

Nach der Wahl des Tourenziels sind alle erreichbaren Informationen über die Route einzuholen. Im einzelnen betrifft dies die Verteilung der Schwierigkeiten, die Länge der Route, den Zeitbedarf, den Routenverlauf, die Absicherung sowie Zu- und Abstieg. Bei unsicherer Wetterlage sollte ein Ausweichziel festgelegt werden.

Die Unternehmung darf auch bei idealen Verhältnissen nicht im Bereich der Leistungsgrenze liegen. Für unvorhergesehene Notfälle muß immer etwas Spielraum zu Verfügung stehen. Wer im alpinen Gelände an seiner Leistungsgrenze klettern möchte, sollte sich mit dem Gedanken anfreunden, dies in Begleitung eines kompetenten Bergführers zu tun.

Zeitliche Planung

Bei den Zeitangaben in der Führerliteratur handelt es sich um Durchschnittswerte. Abhängig von den Verhältnissen in der Wand und abhängig vom Können der Seilschaft werden diese Zeitangaben oft unter-, meist aber deutlich überschritten.

Nur eingespielte und erfahrene Seilschaften können damit rechnen, die Führerzeiten einzuhalten oder zu unterbieten. Die Angaben gelten für Zweierseilschaften. Dreier- und Viererseilschaften benötigen mehr Zeit, die entsprechend zu kalkulieren ist.

In jedem Fall muß eine angemessene Reserve für unvorhergesehene Vorfälle eingeplant werden.

Ausrüstung

Auf der Basis aller Vorüberlegungen wird die Ausrüstung zusammengestellt. Um sicherzugehen, daß keine wichtigen Gegenstände vergessen werden, kann man sich eine Liste anfertigen. Die Kunst liegt darin, alles Wesentliche dabei zu haben und sich trotzdem auf das Notwendige zu beschränken.

Taktik beim klassischen Felsklettern

Ein Zuviel an Ausrüstung kann – ganz abgesehen vom verminderten Klettergenuß – mitunter ebenso ein Sicherheitsrisiko darstellen wie fehlende Ausrüstung. Die größere Anstrengung führt zu schnellerer Ermüdung und zum Nachlassen der Konzentration.

Durch das langsamere Klettertempo erhöhen sich die Gefahren beim Passieren steinschlaggefährdeter Zonen sowie das Risiko, in einen Wettersturz zu geraten oder biwakieren zu müssen.

Taktisches Verhalten beim Zustieg

Nächtigt man auf einer Hütte oder liegt eine Hütte auf dem Weg, so findet sich dort häufig ein gutes Wandfoto. Unter Umständen ist sogar die betreffende Route eingezeichnet. Bisweilen hat auch der Hüttenwirt noch hilfreiche Tips auf Lager.

Während des weiteren Zustiegs sollten Einstieg, Routenverlauf und wenn möglich der Abstieg im Gelände erkannt und sich eingeprägt werden. Beim Vergleich der Wand mit Foto, Routenskizze und Beschreibung kann ein handliches Fernglas nützlich sein.

Die Entfernung zur Wand ist für den Vergleich von Bedeutung. Durch die Verzerrung der Perspektive kann man den Routenverlauf immer schlechter einsehen, je näher man dem Einstieg kommt. Auch der Einstieg selbst ist aus einer gewissen Entfernung oft leichter auszumachen als aus unmittelbarer Nähe.

Im Steinschlagbereich der Wand ist der Helm aufzusetzen. Gegebenenfalls sollte der Helm auch schon während des Zustiegs getragen werden. Entscheidungskriterium hierfür darf nicht sein, was die anderen tun, sondern wie man selbst die jeweilige Situation einschätzt. Es gibt Touren, bei denen die Steinschlaggefahr während des Zustiegs größer ist als während der Kletterei.

Vorbereitung am Einstieg

Der Anseilplatz muß sicher und einigermaßen eben sein. Ist ein solcher Platz am Einstieg nicht zu erwarten, müssen bereits früher der Anseilgurt angelegt und die Ausrüstung vorbereitet werden. Wird der Vorbau einer Wand seilfrei geklettert, so sollten aus Sicherheitsgründen ebenfalls bereits vorher die Anseilgurte angelegt werden. Seil und Sicherungsmaterial sind griffbereit zu transportieren.

Bezüglich der Vorbereitung des Sicherungsmaterials empfiehlt es sich, immer zwei Klemmkeile oder -geräte in einen Karabiner

Am Gurt sortiertes Material

BEWEGUNGSTECHNIK UND TAKTIK

einzuhängen und der Größe nach am Gurt anzuordnen (Ausnahme: mehrere kleine Drahtkabelkeile in einem Karabiner). Dies ermöglicht auch in kritischen Situationen raschen Zugriff.

Über die Schulter gelegte Bandschlingen müssen alle auf derselben Schulter (also nicht kreuzweise) liegen und sich über den Trageriemen des Rucksacks befinden. Alternativ können Schlingen auch mit Ankerstich am Gurt oder an den Rucksackträgern befestigt werden.

In langen Routen kann es vorteilhaft sein, nur das für den nächsten Abschnitt notwendige Material am Gurt bereitzuhalten und überflüssige Gegenstände im Rucksack zu belassen bzw. nach materialintensiven Abschnitten wieder im Rucksack zu verstauen. Sie stören dort weniger als am Gurt.

Am Einstieg sollte man sich nochmals den Routenverlauf der ersten Seillängen einprägen, ehe man zu klettern beginnt. Die Routenbeschreibung bzw. das »Topo« (die Anstiegsskizze) sind griffbereit zu verwahren, damit man jederzeit ohne umständliches Rucksackkramen weitere Informationen einsehen kann.

Bei Seilschaften ungleicher Leistungsstärke oder unterschiedlicher Vorliebe für bestimmte Techniken kann aus taktischen Gründen festgelegt werden, wer welche Seillänge führt. Dies trägt wesentlich zu einem flotten Tempo und zur Sicherheit bei.

Taktisches Verhalten während der Kletterei

Die Verläßlichkeit von Sicherungspunkten läßt sich bis auf wenige Ausnahmen selbst vom Fachmann kaum beurteilen (siehe die entsprechenden Untersuchungen des DAV-Sicherheitskreises). Hinzu kommt, daß vor allem in leichteren Routen die Fixpunkte häufig weit auseinander liegen und der Fels oft gestuft ist. Auch bedenke man, daß bereits geringe Verletzungen in einer abgelegenen Wand zu sehr ernsten Folgen (Rückzug, Biwak) führen können. Aus all diesen Gründen sind Stürze in alpinen Routen unbedingt zu vermeiden.

Praxistips:
- Mit Leistungsreserve klettern.
- Reversibel klettern.
- Vorausschauend klettern.
- Tritte und Griffe auf Festigkeit prüfen.

Das Prüfen von Griffen oder Tritten soll nicht durch »Wackeln« erfolgen, sondern durch einen kurzen Schlag mit Handballen oder Fuß. Der Klang gibt dann die nötige Information: Ein heller Klang ist in Ordnung, ein dumpfer Klang ist kritisch.

Klettereien der unteren und mittleren Schwierigkeitsgrade weisen in mehr oder weniger großen Abständen immer irgendwelche Rastpunkte auf. Das können Bänder, Absätze, große Tritte oder Verflachungen sein. Sie gestatten, ohne Anstrengung zu verweilen. Diese Rastpunkte bilden jeweils eine Basis, von der aus die weiteren Aktionen geplant und anschließend durchgeführt werden.

Zwischen den Rastpunkten soll man möglichst zügig und kraftsparend klettern. In kraftraubenden Positionen sollen Zwischensicherungen nur angebracht werden, wenn sie aus Sicherheitsgründen erforderlich sind.

Praxistips:
- An Rastpunkten Sicherung anbringen.
- Prüfen, ob man sich auf der Route befindet.
- Gegebenenfalls Rasten.
- Plan für die folgende Passage entwerfen.

Das oben beschriebene Handlungsschema läßt sich in leichteren Kletterrouten meist problemlos einhalten. Es gilt im Prinzip auch für schwierigere Klettereien. Das Erkennen und geschickte Ausnutzen von Rastpositionen ist hier häufig der Schlüssel zum Erfolg. Allerdings werden die Rastpositionen beim schweren Klettern seltener, und es müssen häufiger Zwischensicherungen auch in kraftraubenden Positionen gelegt oder eingehängt werden.

Dafür steigt mit zunehmender Schwierigkeit meist auch die Qualität der Fixpunkte, der Fels wird steiler und »sturzfreundlicher«. Sofern man die im nächsten Kapitel erläuterten Fähigkeiten besitzt, ist es daher beim schweren Klettern mitunter möglich, bis an die eigene Leistungsgrenze zu gehen.

STÜRZEN BEIM SPORTKLETTERN

Beim klassischen Felsklettern stellt jeder Sturz ein nicht zu kalkulierendes Risiko dar. Der oberste Grundsatz lautet dort: reversibel und mit Sicherheitsreserve klettern.
Im Gegensatz dazu versucht der Sportkletterer, seine Leistungsgrenze auszuloten. Dies hat zwangsläufig Stürze zur Folge.

Risikoabschätzung

Es muß zwischen einem unkontrollierten und dem sogenannten kontrollierten Sturz unterschieden werden. Der unkontrollierte Sturz ist immer verletzungsträchtig. Unkontrolliert verläuft beispielsweise ein Sturz infolge Griffausbruchs. Nur der kontrollierte Sturz darf absichtlich in Kauf genommen werden.

Wichtige Voraussetzungen für einen solchen Sturz sind:
- Die Route ist gut abgesichert.
- Das Gelände ist »sturzfreundlich«.
- Der Sicherungspartner ist aufmerksam und beherrscht die Sicherungstechnik.
- Der Kletternde beherrscht die Sturztechnik.

Sofern man an der Leistungsgrenze klettern möchte, muß man sich über den Verlauf des möglichen Sturzes im klaren sein. Die Risikoabschätzung bildet die Grundlage für die Wahl der Klettertaktik. Nur wenn alle Bedingungen für einen kontrollierbaren Sturz zutreffen, darf man an der Leistungsgrenze klettern. Bestehen Zweifel, muß reversibel und mit Sicherheitsreserve geklettert werden.

Sturztechnik

Gefährlichster Moment beim Stürzen ist der Anprall am Fels. Um Verletzungen zu vermeiden, soll seine Wucht so gering wie möglich gehalten werden. Sie wird um so größer, je weiter man nach hinten abspringt. Gleichzeitig soll der Sturz so verlaufen, daß man den Anprall mit den Füßen abfangen kann.

Praxistips:
- Nicht unnötig weit nach hinten abspringen (nur so weit, daß man während des Sturzes den Fels gerade nicht streift).
- Rumpf nach vorn beugen (Katzenbuckel).
- Knie und Hüfte leicht abwinkeln, die Beine etwas spreizen.
- Gesamte Muskulatur, insbesondere Bauchmuskeln und Hüftbeuger, anspannen.
- Bei kurzen Stürzen dosiert nach hinten abkippen lassen (führt dazu, daß man den Anprall mit den Füßen abfangen kann).
- Bei längeren Stürzen kein Abkippen.
- Die Hände können das Kletterseil im Bereich des Knotens fassen. Für den Verlauf des Sturzes ist dies jedoch von untergeordneter Bedeutung.

Entscheidend für den Verlauf eines Sturzes ist der bewußt vollzogene und kontrollierte Absprung. Einmal in der Luft, hat man keinen Einfluß mehr auf den Verlauf des Sturzes (Flugbahn, Drehimpuls). Beginnt der Sturz kontrolliert, so kann im allgemeinen auch der Anprall kontrolliert werden. Erfolgt der Absprung ohne bewußte Kontrolle, wird der Sturz unkontrollierbar. Neben dem bereits erwähnten Griffausbruch verlaufen auch Stürze infolge Abrutschens von Griffen oder Tritten im allgemeinen unkontrolliert.
Besonders zu erwähnen sind Stürze in Querungen. Die Situation vermittelt häufig nicht den Eindruck von Gefährlichkeit, da man sich ja »nur« ein Stück neben dem Haken befindet. Pendelstürze sind aber immer kritisch. Entweder man scheuert am Fels entlang, oder man verhindert dies durch einen weiten Absprung nach hinten. In diesem Fall wird aber der Anprall entsprechend hart. Das kontrollierte Abfangen eines Pendelsturzes ist also nicht einfach. Am besten springt man in Richtung der letzten Zwischensicherung ab, um den Pendelschwung zu reduzieren.
Ganz anders verhält es sich auf Reibungsplatten. Wenn man hier den Halt verliert, versucht man, so lange wie möglich in der Kletterstellung zu bleiben und kontrolliert auf Händen und Füßen abzurutschen. Ist dies nicht mehr möglich, dreht man sich um und bewältigt den (hoffentlich kurzen!) Rest der »Sturzstrecke« durch Abwärtsrennen.

BEWEGUNGSTECHNIK UND TAKTIK

TAKTIK BEIM SPORTKLETTERN

Wie bereits gesagt, versteht man unter Taktik planmäßiges Handeln. Während im klassischen Felsklettern die Taktik primär einer Optimierung der Sicherheit dient, steht beim Sportklettern die Optimierung der Leistung im Vordergrund.

Planmäßiges Vorgehen erfordert zuerst das Formulieren von Zielen. Erst nachdem diese Ziele feststehen, können die dafür zweckdienlichen Maßnahmen bestimmt werden.

Mögliche Ziele sind etwa:
- Klettern einer Route im bestmöglichen Stil (on sight)
- Begehen einer Route in minimaler Zeit
- Klettern einer maximal schwierigen Route

Vor einer Begehung versucht man, Informationen über die Route zu bekommen. Je genauer diese Informationen sind, desto präziser kann die Begehung geplant werden.

Die Informationen betreffen:
- Routenverlauf
- Art der Kletterei
- Verteilung der Schwierigkeiten
- Rastpunkte
- Art und Qualität der Fixpunkte

Die Art und Weise, wie diese Informationen gesammelt werden dürfen, ist je nach Begehungsstil begrenzt.

Bei einer On-sight-Begehung beschränkt sich die mögliche Information auf das Inspizieren der Route vom Einstieg aus. Der resultierende Handlungsplan ist im allgemeinen mehr oder weniger unvollständig. Er muß während der folgenden Begehung – teils unter erheblichem Zeitdruck – ergänzt oder auch geändert werden.

Wird eine Route vor der endgültigen Begehung »ausgebouldert« (einstudiert), so stehen dem Kletterer die Informationen für einen vollständigen Handlungsplan zur Verfügung. Im Extremfall kennt er alle Bewegungssequenzen und weiß, wo und mit welchen Mitteln gesichert wird.

Das Ziel des taktischen Vorgehens ist in diesem Fall, den Handlungsplan während der Begehung fehlerfrei umzusetzen. Nur wenn diese fehlerfreie Umsetzung gelingt, ist eine maximal schwierige Route möglich.

Inspektion der Route

Die Route wird hinsichtlich Verlauf, Schlüsselstellen, Rastpunkten und Sicherungssituation betrachtet und analysiert.

Im einzelnen sind folgende Fragen von Bedeutung:
- Wo sind Rastpunkte, und in welche Teilabschnitte gliedern sie die Route?
- Wo sind die Hauptschwierigkeiten, und wie sind sie verteilt?
- Welche Klettertechniken sind anzuwenden?
- Können Bewegungspläne für einzelne Stellen erstellt werden?
- Welches Sicherungsmaterial ist erforderlich?
- Müssen zusätzliche Sicherungen angebracht werden, wenn ja, welche?
- Aus welcher Position sind einzelne Sicherungen einzuhängen?
- Wie ist der Seilverlauf, ist verlängertes Einhängen sinnvoll?
- Wo darf gestürzt werden und wo nicht?

Vorbereitung zum Klettern

Wenn der Handlungsplan steht, folgen die Vorbereitungen zum Durchstieg. Hier ist zunächst auf ein angemessenes Aufwärmen zu achten. Aufwärmen erhöht die Leistungsbereitschaft und reduziert das Risiko von Überlastungsschäden und Verletzungen.

Anschließend (oder bereits vor dem Aufwärmen) richtet man die Ausrüstung her. Die Wahl der Schuhe kann von entscheidender Bedeutung sein. Nach einer Risikoabschätzung fällt die Entscheidung, ob mit oder ohne Helm geklettert wird. Die notwendigen Sicherungsmittel werden so am Gurt eingehängt, daß sie leicht greifbar sind (wie viele Expreßschlingen rechts, wie viele links?).

Taktik beim Sportklettern

Praxistips:
- Kein unnötiges Material mitnehmen, aber auch nicht zuwenig.
- Materialschlaufen am Gurt sind besser als umgehängte Materialschlingen (Erreichbarkeit des Materials in Überhängen!).
- Klemmkeile oder -geräte der Größe nach sortieren.
- Voraussichtlich benötigte Klemmkeile oder -geräte sollten einzeln mit Karabiner oder Expreßschlinge versehen sein.
- Karabiner und Keile sollten auf der Seite der Einhängehand hängen.

Danach wird das Seil krangelfrei ausgelegt bzw. der Seilsack geöffnet und angeseilt. Sohlen säubern nicht vergessen!
Bevor man endgültig einsteigt, empfiehlt es sich, den Handlungsplan nochmals im Geiste ablaufen zu lassen.

Bewegungsvorplanung

Nur nach vorhergehendem Ausbouldern einer Route (siehe rechts) wird der Handlungsplan vollständig sein.
Das kann bei einem On-sight-Versuch bestenfalls für die ersten Meter zutreffen. Weiter oben sind genaue Griff- und Trittkombinationen nicht mehr erkennbar. Der im vorhinein erstellte Plan ist daher immer wieder zu ergänzen.
Im Idealfall konzipiert man die weitere Bewegungsvorplanung jeweils von einem Rastpunkt aus – also ohne Anstrengung und Zeitdruck. In weniger idealen Fällen muß man dies während der Kletterei tun. Je kraftraubender die Position, desto schneller sollte die weitere Bewegungsplanung erfolgen. Wichtig ist in diesem Zusammenhang auch, daß man an einem Plan nicht stur festhält, wenn er sich als fehlerhaft erweist. Das schnelle Erkennen und Umsetzen einer alternativen, erfolgversprechenden Kombination ist hier von großer Wichtigkeit.
Dies könnte dazu verleiten, überhaupt keinen Plan zu erstellen, sondern einfach draufloszuklettern. Planloses Klettern birgt allerdings ein hohes Risiko, in eine Sackgasse zu geraten. Selbst wenn ein Sturz durch Abklettern noch vermieden werden kann, geht Kraft verloren, die dann später fehlt.
Die Fähigkeit zum raschen Erkennen von erfolgversprechenden Bewegungsmustern kann durch häufiges Klettern unbekannter und entsprechend schwerer Routen erworben bzw. verbessert werden.

Ausbouldern von Routen

Wird eine Route vor der Begehung ausgebouldert (etappenweise einstudiert), so soll die Belastung dabei so gering wie möglich gehalten werden.
Je geringer die Belastung während des Ausbouldderns, desto früher kann ein erfolgversprechender Durchstiegsversuch gestartet werden.

Praxistips:
- Immer nur kurze Teilabschnitte mit Belastungszeiten von maximal 20–30 Sekunden klettern (in leichteren Abschnitten können die Sequenzen länger sein).
- In jedem Fall ist ein Übersäuern der Muskulatur zu vermeiden.
- An Maximalkraftstellen mit wenigen Versuchen die beste Lösung finden.
- Zwischen den einzelnen Versuchen sollen Pausen von jeweils mindestens 3 Minuten liegen.

Vielfach ist es einfacher und weniger anstrengend, Routen toprope, also mit Sicherung von oben, auszubouldern. Manchmal bringt es sogar Vorteile, oben zu beginnen und die Route sozusagen von oben nach unten auszubouldern.
In jedem Fall soll zwischen dem Ausbouldern und dem Durchstiegsversuch eine Pause von mindestens 20 Minuten eingehalten werden. Bei extrem schweren Routen wird der Begehungsversuch erst am darauffolgenden oder sogar am übernächsten Tag gelingen.
Während des Klettertags ist auf ausreichende Flüssigkeits- und Nährstoffzufuhr zu achten. Flüssigkeitsverluste haben eine Leistungsminderung zur Folge; fehlende Elektrolyte begünstigen Krämpfe.

Sicherungs-technik

SICHERUNGSTECHNIK

GRUNDLAGEN

Klettertechnik und taktische Aspekte sind bereits im vorausgehenden Abschnitt behandelt worden.
Sie genügen aber noch nicht, um Klettereien auch wirklich durchführen zu können. Es fehlen die Methoden und Praktiken der Sicherungstechnik.

Wer gesichert klettern möchte, benötigt in jedem Fall die folgenden grundlegenden Techniken:
- Anseilen
- Kameradensicherung
- Zwischensicherungen und Seilführung
- Abseilen

Anseilen

Angeseilt wird mit Hüftgurt und Brustgurt; am besten verbindet man beide mit dem sogenannten Achterband.
Als Anseilknoten benützt man vorzugsweise einen Sackstich in Tropfenform mit Sicherungsschlag. Auch der Achterknoten ist möglich; er läßt sich nach einem Sturz ins Seil leichter wieder öffnen.
Für Einsteiger ins Sportklettern eignet sich alternativ die abgebildete direkte Einbindemethode, die in ihrer Funktionsweise der Konstruktion mit dem Achterband gleichkommt.
Erfahrenere Sportkletterer verzichten im allgemeinen auf den Brustgurt und seilen sich nur mit Hüftgurt an.

Von links nach rechts:
Verbindung von Hüftgurt und Brustgurt mittels Achterband

Sackstich mit Sicherungsschlag

Direkte Einbindemethode

Achterknoten

Kameradensicherung

Als Sicherungssystem zum alpinen Klettern eignet sich besonders die Halbmastwurfsicherung (HMS). Das Bremsseil darf dabei nie losgelassen werden.

Praxistips:
- Bremsseil immer gegenläufig parallel zum Sicherungsseil halten.
- Auch beim Ablassen gegenläufig parallele Seilführung (verhindert »Krangeln« des Seils).

Steht der Sichernde am Boden, so wird auch die Sicherungstechnik mit Abseilachter empfohlen. Wie bei der HMS-Sicherung darf das Bremsseil dabei nie losgelassen werden. Das Handling der Achtersicherung ist im Abschnitt »Sportklettern« behandelt. Achtung: Der Achter darf nicht zum Nachsichern von oben aus benützt werden, da er in dieser Anwendung zu geringe Bremswerte aufweist!
Zum Toprope-Sichern hat sich in letzter Zeit immer mehr das Gri-Gri durchgesetzt, das auf Belastung automatisch blockiert (ähnlich wie ein Sicherheitsgurt im Auto).

Praxistips:
- Gebrauchsanweisung des Gri-Gri beachten.
- Beim Vorsteigersichern mit Gri-Gri nicht den Blockiermechanismus festhalten. Er wird dadurch bei Sturz unwirksam.
- Achtung beim Ablassen mit Gri-Gri: Reflexartiges Anziehen des Hebels führt zu ungebremstem Seildurchlauf.

Grundlagen

 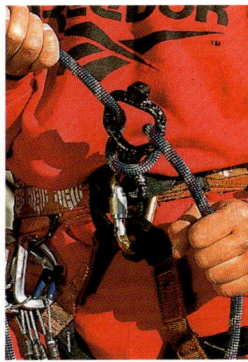   

Zwischensicherungen

Als Fixpunkte für Zwischensicherungen kommen Haken, Bohrhaken, Schlingen, Klemmkeile und Klemmgeräte in Frage.
Alle diese Sicherungsmittel sind im Alpin-Lehrplan »Ausrüstung – Sicherung – Sicherheit« ausführlich beschrieben. Außerdem werden dort die Techniken erläutert, wie man sie korrekt anbringt.

Bezüglich der Plazierung und des Einhängens gibt es die folgenden wichtigen Grundsätze:
- Relativ bald nach dem Stand eine verläßliche Zwischensicherung anbringen.
- Auch im leichteren Klettergelände sollen in regelmäßigen Abständen Zwischensicherungen eingehängt werden.
- Benützt man einzelne Karabiner in Haken, so ist unbedingt darauf zu achten, daß das Seil unverdreht eingehängt wird. Andernfalls entsteht erheblicher Seilzug, im Sturzfall kann sich das Seil sogar ausklinken.
- Auch bei der (allgemein üblichen) Verwendung von Expreßschlingen sollte man darauf achten, daß das Seil unverdreht eingehängt wird.
- Würde ein Karabiner auf Knick belastet, so ist er in eine kurze, durch den Haken gefädelte Reepschnur oder Bandschlinge einzuhängen.
- Besteht die Gefahr, daß sich das Seil im Sturzfall zwischen Karabiner und Fels einklemmt, ist die Verwendung einer Expreßschlinge dringend angeraten. Der Fangstoß (Bremskraft beim Stürzenden) kann sonst sehr hart werden.
- Expreßschlingen empfehlen sich auch, wenn die Zwischensicherungen nicht entlang einer geraden Linie plaziert sind. Bei Verwendung einzelner Karabiner würde das Seil in diesem Fall im Zickzack verlaufen. Gegebenenfalls ist in solchen Fällen sogar ein zusätzlich verlängertes Einhängen sinnvoll.
- Bei großen Hakenösen kann sich die gesamte Expreßschlinge ausklinken, wenn sie in einer kreisförmigen Bewegung nach oben bewegt wird. Dies kann beim Überklettern der Zwischensicherung passieren. Klettert man links vom Haken, sollte deshalb der Schnapper des oberen Karabiners auf der rechten Seite sein; entsprechend umgekehrt. Gegebenenfalls zwei Expreßschlingen parallel einhängen.

Seilführung am Körper

Dieses Kapitel betrifft den Vorsteiger. Befindet er sich oberhalb seiner letzten Zwischensicherung und steigt ungeschickt hinter das Seil, so kommt es im Sturzfall zu einem völlig unkontrollierbaren Überschlag. Ein Sturz bei falscher Seilführung beinhaltet daher immer ein erhebliches Verletzungsrisiko und muß unbedingt vermieden werden.

Praxistips:
- Bei Kletterei in Fallinie über dem letzten Fixpunkt: Seil frontal zwischen den Beinen führen.
- Bei Kletterei seitlich über dem letzten Fixpunkt: Seil seitlich über dem Oberschenkel oder seitlich über dem Fuß führen.

**Von links nach rechts:
Halbmastwurfsicherung (HMS)**

Korrekt eingehängter Abseilachter zum Sichern

Gri-Gri

Unverdreht eingehängte Expreßschlinge

Durch verlängertes Einhängen begradigter Seilverlauf

SICHERUNGSTECHNIK

Von links nach rechts:
Korrekte Seilführung in Fallinie über dem Haken

Korrekte Seilführung seitlich über dem Haken: Seil läuft über den Oberschenkel

Korrekte Seilführung seitlich über dem Haken: Seil läuft über den Fuß

Abseilen

Wer einen Felsen oder Berg erklettert hat, von dem es keinen leichten Abstieg gibt, muß abseilen, um wieder hinunterzukommen. Man baut oder benützt dabei eine Abseilstelle, fädelt das Seil bis zur Hälfte durch, wirft beide Hälften mit einem Warnruf (»Achtung, Seil!«) nach unten und seilt ab. Wenn alle abgeseilt haben, wird an einem Ende des Seils gezogen, bis es herunterfällt.

Das Abseilen selbst geschieht, indem man beide Seilstränge doppelt durch die große Öse des Abseilachters schiebt, die entstandene Schlaufe um die kleine Öse (und gegebenenfalls um den bereits eingeklinkten Karabiner) herumführt und am Hals des Achters anlegt. Denselben fixiert man mittels Verschlußkarabiner am Klettergurt.

Je nach Situation sind beim Abseilen unterschiedliche Methoden und Sicherungstechniken zu empfehlen; wichtige Punkte sind dabei:
- Bau von Abseilstellen
- Aufhängepunkt des Achters
- Sicherungstechniken beim Abseilen
- Abseilen mit Doppelseil

Abseilstellen

Bricht eine Abseilstelle aus, so stürzt der Abseilende normalerweise bis zum Wandfuß ab. Schwere, häufig tödliche Verletzungen sind die Folge. Es ist deshalb außerordentlich wichtig, auf die Qualität der Abseilstelle zu achten.

Als alleinige Fixpunkte eignen sich wie bei Standplätzen solide Sanduhren, DAV-Sicherheitshaken, Bühlerhaken, Elbsandsteinringe oder entsprechend dicke Bäume. Da die Belastung nur nach unten erfolgt, können auch fest verwachsene Felsköpfel benützt werden.

Bei Sanduhren und Köpfeln fädelt bzw. legt man zunächst eine Bandschlinge oder Reepschnurschlinge, die man anschließend zum Abseilen benützt. Die Schlinge verbleibt nach dem Abziehen des Seils an der Abseilstelle.

Beim Abseilen darf das Seil durch eine Schlinge geführt werden, da man es nicht unter Belastung bewegt. Niemals darf aber der Partner über eine Schlinge abgelassen werden, da diese wegen der entstehenden Reibungswärme unerwartet schnell durchbrennen kann. Selbst beim Abziehen des Seils können Schlingen angeschmolzen werden. Man prüft deshalb vorgefundene Abseilschlingen immer kritisch und erneuert sie gegebenenfalls.

Sind zwei Haken als Abseilstelle verbunden, so sollte man auch prüfen, ob wirklich beide unmittelbar belastet werden. Eine günstige Verbindung zweier Haken entsteht beispielsweise, indem man eine lange Schlinge in die Haken einknotet und anschließend beide Stränge gemeinsam mit einem Sackstich abbindet. Bei dieser Methode muß die Schlinge in jedem Fall zweimal reißen oder durchschmelzen, bis ein Absturz möglich wird.

Wie bereits gesagt, können Schmelzprozesse schon beim Abziehen des Seils auftreten. Wer längerlebige Abseilstellen schaffen will, knotet deshalb in die Schlinge einen Abseilring mit ein.

Grundlagen

Der Aufhängepunkt des Abseilachters

Der Achter kann in den Anseilpunkt oder in den zentralen Sicherungsring des Hüftgurtes eingeklinkt werden. Trägt der Abseilende einen Rucksack, so ist die Aufhängung im Anseilpunkt vorzuziehen.

Ein Problem bilden die zwar nicht mehr empfohlenen, aber nach wie vor benützten Komplettgurte. Der Anseilpunkt ist bei diesen Modellen so hoch, daß man beim Abseilen ständig damit zu kämpfen hat, die Füße am Fels zu halten und nicht wie ein Sack im Gurt zu hängen.

Wer einen solchen Gurt besitzt und sich partout keinen besseren zulegen möchte, dem sei folgende Technik empfohlen: Man befestigt eine schulterlange Bandschlinge mit Ankerstich in einer der Beinschlaufen und fixiert sie mit einem Karabiner in der anderen Beinschlaufe. Der Achter wird in beide Stränge dieser Bandschlinge und in den Anseilpunkt eingeklinkt.

Diese Methode ist zwar etwas umständlicher, aber das Abseilen gestaltet sich wesentlich bequemer als ohne diese Schlinge.

Sicherungstechniken beim Abseilen

An exponierten Abseilstellen ist eine Selbstsicherung unbedingt zu empfehlen. Sie wird mit einer Ankerstichschlinge im Sicherungsring des Hüftgurts fixiert. Neuerdings weist der DAV-Sicherheitskreis darauf hin, daß für die Ankerstichschlinge am besten eine vernähte Bandschlinge zu benützen ist. Mit dieser und einem Verschlußkarabiner klinkt man sich an der Abseilstelle ein.

Die wichtigste Methode des Sicherns beim Abseilen besteht darin, unterhalb des Achters eine kurze Reepschnur (Kurzprusik) mittels Prusikknoten um beide Seilstränge zu legen. Die Schlinge wird mit einem Karabiner in eine der Beinschlaufen des Hüftgurts eingehängt (also möglichst weit unten). Der Knoten wird während des Abseilens in der Bremshand mitgeführt. Läßt man das Bremsseil los, so greift der Prusikknoten. Wichtig ist, daß der Prusik keinesfalls (auch nicht bei starker Rücklage) in den Achter gezogen werden kann und blockiert. Andernfalls sind einarmige Klimmzüge oder langwierige Aktionen mit weiteren Prusikschlingen erforderlich.

Obere Bildreihe: Korrekt eingehängter Abseilachter

Abseilen an Köpfel

Abseilen an Sanduhr

Abseilstelle an zwei Haken mittels langer Schlinge

Eingeknoteter Abseilring

Untere Bildreihe: Abseilachter im Anseilpunkt

Abseilachter im Hüftgurt

Abseilachter im Komplettgurt

Selbstsicherung mit Ankerstichschlinge

SICHERUNGSTECHNIK

Prusikknoten

Selbstsicherung mit Prusik beim Abseilen

Mitte: Seilenden einzeln verknotet

Rechts: Seilenden gemeinsam verknotet

Die Selbstsicherungstechnik mit Prusik ist für weniger Geübte prinzipiell und für Könner immer dann zu empfehlen, wenn die Seilenden nicht bis zum sicheren Boden reichen oder wenn mit Steinschlag gerechnet werden muß. Reichen die Seilenden nicht bis zum Boden, so ist es außerdem ratsam, sie einzeln oder gemeinsam zu verknoten. Damit ist sichergestellt, daß man nicht versehentlich über ein Ende hinaus abseilen kann.

Praxistips:
- Beide Enden einzeln mit einem Knoten zu versehen hat den Vorteil, daß das Seil weniger krangelt, aber den Nachteil, daß man vergessen kann, den entscheidenden Knoten zu lösen, bevor man das Seil abzieht.
- Verknotet man beide Enden gemeinsam, kann man das Lösen des Knotens nicht vergessen, dafür krangelt das Seil mehr.

Abseilen mit Doppelseil

Benützt man ein Doppelseil, so steht die volle Seillänge zum Abseilen zur Verfügung. Einige weitere Methoden und Techniken sind hierbei von Bedeutung.

Als Verbindung beider Seile benützt man einen gelegten Sackstich. Dieser hat gegenüber allen anderen Knoten den Vorteil, daß er ausweichen kann – sowohl an Felskanten als auch an sonstigen Stellen, an denen das Seil anliegt. Dadurch reduziert sich die Gefahr, daß das Seil beim Abziehen hängenbleibt.

Der gelegte Sackstich kann unter Belastung etwas wandern. Es besteht deshalb die Mög-

Praxistips:
- Vor dem Start unbedingt kontrollieren, daß der Prusik nicht in den Achter rutschen kann.
- Weniger problematisch, aber mitunter auch schon ziemlich lästig ist es, wenn sich der Prusik unerwartet am Seil verklemmt (z.B. an einer aufgeklebten Mittelmarkierung). Hier hilft meist eine starke Rücklage, um ihn wieder flottzubekommen.
- Reicht diese Technik nicht, so legt man die Bremsseile mit Ankerstich oder Mastwurf um einen angehockten Fuß und belastet ihn. So läßt sich die gewünschte Entlastung des Prusiks erreichen.

Alpines Klettern

lichkeit, ihn mit einem zweiten, ebenfalls gelegten Sackstich abzusichern (siehe Abbildung unten). Wichtig dabei ist, daß der Sicherungsschlag unmittelbar hinter den haltenden Knoten gelegt wird. Andernfalls könnte dann nämlich der Sicherungsschlag beim Abziehen hängenbleiben.

Beim Abseilen mit Doppelseil muß man sich das Ende merken, an dem abzuziehen ist. Zieht man zunächst am falschen Ende und somit den Knoten in die Umlenkung hinein, so kann er sich in ungünstigen Fällen derart festziehen, daß das Seil überhaupt nicht mehr abgezogen werden kann.

Wegen der langen Abseilstrecke beim Abseilen mit Doppelseil wird das ausgeworfene Seil in den meisten Fällen nicht gerade herunterhängen, sondern auf Bändern oder an Felszacken hängenbleiben. Der erste Abseilende muß es dann weiter nach unten befördern.

Praxistips:
- Seilverbindung: gelegter Sackstich, evtl. mit zweitem Sackstich abgesichert.
- Nie tiefer abseilen, als sich ein verheddertes Seil befindet. Seilt man tiefer ab, kann sich das Seil beim Herunterziehen vollends verhängen oder Steinschlag auslösen.
- Konsequenz in gestuftem Gelände: Hier ist es oft günstiger, wenn man den ersten an beiden Strängen abläßt und erst die weiteren Partner am jetzt gerade nach unten verlaufenden Seil abseilen.
- Gegebenenfalls besser zweimal eine halbe Seillänge mit Einfachseil als einmal mit Doppelseil abseilen.

- Achtung bei überhängenden Abseilstellen, wenn die Seilenden in der Luft hängen: Hängt man selbst frei in der Luft, so hat man keine Chance mehr, sich in Pendelbewegungen zu versetzen, um wieder Wandkontakt zu bekommen. In solchen Fällen also von vornherein in Bewegung bleiben.
- Das Seilende merken, an dem man abziehen muß.

ALPINES KLETTERN

Zum sicheren Klettern vor allem im alpinen Bereich sind außer diesen Grundlagen folgende Themen von Wichtigkeit:
- Seilkommandos und Seilschaft in Aktion
- Standplatzbau
- Grundsätzliches zur Führungstechnik

Seilkommandos

Die Seilkommandos sind für die Kommunikation innerhalb der Seilschaft außerordentlich wichtig. Wie man sich unschwer vorzustellen vermag, kann ein Mißverständnis zwischen beiden Seilpartnern schwerwiegende Folgen haben. Seilkommandos sollen deshalb in gut vernehmbarer Lautstärke gegeben werden. Sind viele Seilschaften unterwegs, so liegt es nahe, vorweg den Namen des eigenen Partners zu rufen.

Praxistips:
- Über die Kommandos hinaus können dem Seilersten Angaben über die noch verfügbare Seillänge gemacht werden (z. B. Seilmitte, noch 5 m).
- Manchmal kann man absehen, daß die akustische Verbindung zwischen den Standplätzen Probleme bereiten wird. Für solche Fälle ist es nützlich, Seilmorsezeichen zu vereinbaren (z. B. dreimaliges Ziehen am Seil bedeutet Stand).

Gut eingespielte Seilschaften kommen auch mit weniger als den in nachstehender Tabelle genannten Kommandos aus. Wie bereits er-

Links: Seilverbindung mit gelegtem Sackstich

Rechts: Seilverbindung mit gelegtem Sackstich und zusätzlichem Sicherungsknoten

SICHERUNGSTECHNIK

Seil-kommandos

Situation	deutsch	englisch
Seilerster ist am Stand angekommen und hat Stand gemacht	Stand	off belay
Seilzweiter hat die Sicherung ausgehängt	Seil ein	belay off
Seilerster zieht das Restseil ein; sobald es zu Ende ist, meldet der Seilzweite	Seil aus	that's me
Seilerster hat die Kameradensicherung eingehängt	nachkommen	on belay
Seilzweiter beginnt zu klettern	ich komme	climbing

wähnt, darf dabei aber kein Mißverständnis auftreten. In diesem Zusammenhang muß auch erwähnt werden, daß das Kommando »Stand« in Klettergärten mißverständlich sein kann. Dort ist es nämlich gängige Praxis, am Ende der Route abgelassen zu werden. Etliche schwere Unfälle haben sich in Klettergärten bereits ereignet, weil der Seilerste abgelassen werden wollte, der Sichernde die Sicherung aber schon ausgehängt hatte.

Die Seilkommandos gelten in gleicher Weise für die klassische Zweierseilschaft wie auch für größere Seilschaften. Aufbau und Aktionsmuster für größere Seilschaften werden im folgenden dargelegt.

Seilschaft in Aktion

Das Aktionsmuster für eine Zweierseilschaft ist trivial. Ein Partner klettert und der andere sichert.

Klettert man hingegen in einer Dreierseilschaft, so gibt es zwei prinzipielle Möglichkeiten:
- Dreierseilschaft mit Weiche
- Dreierseilschaft mit Doppelseil

Dreierseilschaft mit Weiche

Die Weiche sollte nur benützt werden, wenn beide Nachsteiger deutlich unter ihrer Leistungsgrenze klettern. Ein individuelles Nachsichern ist bei der Weiche nicht möglich. Um die Weiche zu bauen, knotet man ca. 4 m über dem Anseilpunkt des Seilschaftsletzten eine etwa 1 m lange Sackstichschlaufe ab. In diese wird der Seilzweite mittels Verschlußkarabiner eingehängt.

Praxistips:
- Die fertige Weiche soll so lang sein, daß man den Sackstich bei nach oben gestreckter Hand und gespanntem Seil noch erreichen kann. Ist sie länger, können Probleme beim Aus- bzw. Umhängen der Zwischensicherungen auftreten.
- Die Weiche soll auch nicht wesentlich kürzer sein, da sie sonst die Bewegungsfreiheit des ersten Nachsteigers unnötig einschränkt.

Dreierseilschaft mit Doppelseil

Klettern die beiden Nachsteiger im Bereich ihrer Leistungsgrenze, so empfiehlt sich ein Doppelseil. Bei dieser Technik wird für jeden Nachsteiger eine separat zu bedienende Sicherung eingehängt. Auf diese Weise können beide Nachsteiger individuell gesichert werden.

Da für das Nachsichern mehrere Methoden mit unterschiedlichen Vor- und Nachteilen existieren, wird dieser Punkt ab S. 57 noch ausführlich erörtert.

Für den Vorstieg benützt man die beiden Seilstränge im Sinne der Zwillingsseiltechnik. Das bedeutet, daß beide Stränge konsequent parallel geführt werden. Sie werden also jeweils in denselben Karabiner einer Zwischensicherung eingehängt.

Alpines Klettern

Die Sicherung des Vorsteigers erfolgt dabei üblicherweise in einem gemeinsamen HMS-Karabiner für beide Seilstränge (nicht aber die Sicherung der Nachsteiger).

Man benützt die Zwillingsseiltechnik einerseits, um eine für den Vorsteiger wünschenswerte Sicherheitsreserve in Form von zwei Seilsträngen zu erhalten, und andererseits, um für jeden Nachsteiger die für ihn strategisch wichtigen Zwischensicherungen eingehängt zu haben.

Strategisch wichtig heißt, daß die Sicherung im Sturzfall einen gefährlichen Pendler des Nachsteigers verhindert.

Praxistips:
- Der erste Nachsteiger soll lediglich sein eigenes Seil aus den Zwischensicherungen ausklinken und das Seil des zweiten Nachsteigers eingehängt belassen.
- Bei Dreierseilschaften ist ein Führungswechsel nur mittels Umbinden möglich; es empfiehlt sich daher, daß der jeweils Führende mehrere Seillängen hintereinander vorsteigt.
- Beim Umbinden einen Seilstrang durchziehen und vom anderen Seilstrang trennen. Andernfalls ist ein solider Seilverhau vorprogrammiert.

Viererseilschaft

Um eine Viererseilschaft zu bilden, benützt man am besten das dargestellte System einer Dreierseilschaft mit Doppelseil. Einer der Nachsteiger bindet sich zusätzlich in ein weiteres Seil ein, an dessen anderem Ende sich der vierte Kletterer anseilt.

Der nachsteigende Mittelmann hat jetzt die Aufgabe, alle für den vierten Kletterer erforderlichen Zwischensicherungen hinter sich wieder einzuhängen. Sobald er am Stand angekommen und fixiert ist, sichert er nach. Währenddessen sichert der erste Nachsteiger bereits den Vorsteiger weiter.

Eine Viererseilschaft, die dieses Aktionsmuster konsequent anwendet, kann sich noch einigermaßen zügig im Fels bewegen. Schneller sind aber in jedem Fall zwei Zweierseilschaften, bei denen auch die Gefahr von Seilverhau und Materialchaos geringer ist.

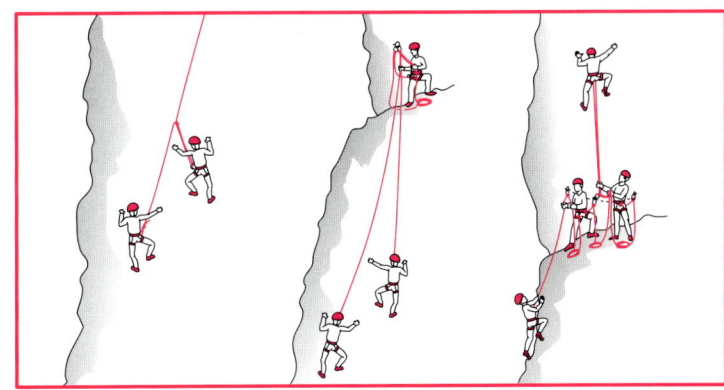

Praxistips:
- Bei der Viererseilschaft sollte man konsequent darauf achten, daß das vom letzten ausgehängte Material bei nächster Gelegenheit einem der Mittelmänner übergeben wird. Nur so kann es letztendlich wieder beim Vorsteiger landen.
- Achtet man darauf nicht, wird der Vorsteiger früher oder später seines gesamten Materials beraubt sein; der Seilschaftsvierte flucht über den unnötigen Ballast.

Von links nach rechts:
Dreierseilschaft mit Weiche

Dreierseilschaft mit Doppelseil

Aufbau einer Viererseilschaft

Grundprinzipien der Standplatzbereitung

In den letzten Kapiteln war schon öfters vom »Stand« die Rede, ohne Rücksicht darauf, daß der Leser möglicherweise noch keine rechte Vorstellung davon hat, wie so ein Standplatz aussieht bzw. aussehen sollte.

Der Stand dient zum Sichern des Partners. Er ist erforderlich, wenn sich der Sichernde in absturzgefährdetem Gelände befindet (also nicht auf dem Boden oder in entsprechend flachen Bereichen). Er kann aus einem (guten!) Fixpunkt oder aus mehreren Fixpunkten bestehen.

Für den Bau gilt der Grundsatz, einen zentralen Sicherungspunkt zu schaffen. Der zentrale Sicherungspunkt oder »Zentralpunkt« ist der Punkt, an dem sowohl die Selbst- als auch die Kameradensicherung hängt. Er muß mit allen Fixpunkten des Standplatzes möglichst unmittelbar verbunden sein. Je nach Konstruktion des Standplatzes besteht der Zentralpunkt aus einem Verschlußkarabiner oder aus einer kurzen Seilschlaufe.

SICHERUNGSTECHNIK

Stand an einem Fixpunkt

Relativ einfach ist die Situation, wenn der Stand an einem einzigen, ausreichend soliden Fixpunkt gebaut wird. Als derartige Fixpunkte kommen armdicke, rißfreie Sanduhren, solide Elbsandsteinringe, Bühlerhaken, DAV-Sicherheitshaken oder Bäume in Frage. An solchen Fixpunkten hängt man seine Selbstsicherung mittels Verschlußkarabiner und Mastwurf oder Sackstich ein.

Man sichert den Kameraden mit einem ebenfalls in diesen Verschlußkarabiner eingehängten HMS-Karabiner. Das Einhängen der HMS-Sicherung in den Zentralpunktkarabiner bewirkt, daß der HMS-Karabiner nicht nach oben ausweichen kann. Dies ist für die Handhabung der Vorstiegssicherung wichtig und gilt insbesondere für Sanduhren und Baumschlingen.

Des weiteren sollte man beachten, daß der HMS-Karabiner auf der dem Schnapper gegenüberliegenden Seite des Zentralpunktkarabiners eingehängt wird. Andernfalls kann im Sturzfall eine Querbelastung des Zentralpunktkarabiners auftreten.

Links:
Stand an zuverlässiger Sanduhr

Rechts:
Stand an DAV-Sicherheitsring

Bei Ringhaken und großen Ösen besteht die Alternative, die HMS-Sicherung direkt im Fixpunkt einzuhängen. Man muß in diesem Fall allerdings besonders darauf achten, daß sie gut bedienbar ist (die Selbstsicherung kann stören) und im Sturzfall nicht am Fels anliegt. In beiden angesprochenen Fällen befindet sich der zentrale Sicherungspunkt unmittelbar in oder bei der Öse des Fixpunktes. Man spricht hier von Fixpunktsicherung.

Verwendung des Kletterseils zum Standplatzbau

Beim Standplatzbau stellt sich die grundsätzliche Frage, ob das Kletterseil mitbenützt werden darf bzw. soll.

In der Vergangenheit wurde zum Teil die Ansicht vertreten, daß das Kletterseil keinesfalls zum Standplatzbau zu benützen sei, da man bei belasteter Kameradensicherung (infolge von Sturz oder sonstigem Unfall) die Länge der Selbstsicherung nicht variieren könne.

In der Tat ist beispielsweise beim Bau eines Flaschenzugs ein gewisser Aktionsradius des Sichernden erforderlich. Sollte man das Seil am Stand mit eingebaut haben, so kann man den Aktionsradius aber auch durch Selbstfixierung mit einer langen Ankerstichschlinge und anschließendem Lösen des Anseilknotens vergrößern. Wegen dieser Möglichkeit und der Seltenheit derartiger Situationen darf das Kletterseil zum Standplatzbau eingesetzt werden.

Natürlich tut man das Ganze nicht ohne Sinn und Zweck – die Gründe für den Einsatz des Seiles sind:
- geringer Materialbedarf
- geringer Zeitaufwand

Wirklich ungeeignet ist die Verwendung des Kletterseils zum Standplatzbau allerdings, wenn ein Seilpartner mehrere Seillängen hintereinander führt. In diesem Fall müßte man die Stände vor jeder neuen Seillänge vollständig umbauen, was einen erheblichen Zeitaufwand bedeutet. Man wird also hier auf die Verwendung des Seils verzichten.

Standplatz mit Reihenschaltung

Die Reihenschaltung läßt sich entweder mit dem Kletterseil oder mit einer Zusatzschlinge bauen.

Reihenschaltung mit Kletterseil:
Bei der Bauart mit Kletterseil klinkt man sich mit einer kurzen Sackstichschlaufe sowie einem Karabiner in den unteren der beiden Fixpunkte ein. Die Länge der Selbstsicherung soll dabei 0,5 m nicht überschreiten und so bemessen sein, daß man bequem steht.

Alpines Klettern

Anschließend hängt man das Kletterseil mit Mastwurf und einem weiteren Karabiner in den oberen der beiden Fixpunkte ein und spannt den Mastwurf derart, daß eine gewisse Lastverteilung auf beide Fixpunkte entsteht. Die kurze Sackstichschlaufe bildet nun den Zentralpunkt. In sie hängt man die Kameradensicherung ein.

Praxistips:
- Durch Straffen oder Lockern des Mastwurfs kann man die Belastung mehr auf den oberen oder den unteren Fixpunkt verteilen. Hierbei wird dem vermutlich besseren Fixpunkt auch der größere Lastanteil übertragen.
- Einen Mastwurf verlängert oder verkürzt man, indem man die Mittelwindung beidseitig herauszieht und anschließend das gewünschte Ende strafft.

Da bei der Sicherung eines Vorsteigers der Sturzzug meist nach oben erfolgt, könnte man auf die Idee kommen, kurzerhand das ganze System umzudrehen, also den Zentralpunkt am oberen Fixpunkt zu installieren. In der Tat wäre diese Konstruktion bei Sturzzug nach oben ideal. Man bedenke aber, was bei Sturzzug nach unten passieren würde. Dieser entsteht, wenn der Vorsteiger vor seiner ersten Zwischensicherung stürzt oder die Zwischensicherungen nicht halten. Angenommen also, der Vorsteiger fällt direkt in den Stand, dann müßte der obere Haken den gesamten Sturzzug aushalten. Versagt er, würde auch der Sichernde aus dem Stand gerissen und das ganze Prinzip der Reihenschaltung wäre unwirksam.

Reihenschaltung mit Zusatzschlinge:
Führt ein Seilpartner mehrere Seillängen hintereinander, so kommt bei der Reihenschaltung nur der Bau mit Zusatzschlinge in Frage. Als Zusatzschlinge benutzt man eine gut doppelt schulterlange Bandschlinge (Materiallänge ca. 4 m) mit einer kurzen abgeknoteten Sackstichschlaufe.

Es lohnt sich, pro Person eine solche Schlinge mitzuführen; sie kann nämlich auch für große Felsköpfel benützt und außerdem als zweistufige Trittleiter eingesetzt werden.

Zum Bau der Reihenschaltung klinkt man die kurze Sackstichschlaufe in den unteren der beiden Fixpunkte ein. In den oberen Fixpunkt hängt man die Schlinge mittels Mastwurf und spannt diesen, bis die gewünschte Lastverteilung gegeben ist.

Die kurze Sackstichschlaufe bildet jetzt den Zentralpunkt. In sie hängt man Selbst- und Kameradensicherung ein.

Stört die Selbstsicherung das Bedienen der Halbmastwurfsicherung, so kann die letztere auch in den Selbstsicherungskarabiner eingehängt werden. Dieser muß dann aber ein Verschlußkarabiner sein.

Auch drei Fixpunkte lassen sich mit der Zusatzschlinge ideal verbinden. Man verfährt wie gerade dargestellt und hängt zusätzlich den zweiten, von der Sackstichschlaufe ausgehenden Bandschlingenstrang ebenfalls mit Mastwurf in den dritten Fixpunkt ein.

Auch bei dieser Methode läßt sich durch entsprechendes Verstellen der Mastwürfe die Last beliebig verteilen.

Dies ist besonders bei Fixpunkten mit unterschiedlich großen Festigkeiten von nicht unerheblicher Bedeutung.

Von links nach rechts:
Reihenschaltung mit Kletterseil

Abgeknotete Schlinge für Standplatzbau

Reihenschaltung mit Standschlinge

Reihenschaltung mit Standschlinge bei drei Fixpunkten

 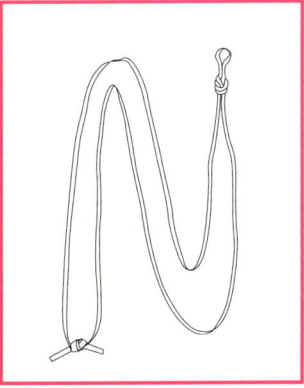  

SICHERUNGSTECHNIK

Oben links und rechts: Bau des Kräftedreiecks

Unten Mitte: Stand mit Kräftedreieck

Unten rechts: Stand mit Kräftedreieck, nach unten abgesichert

Reihenschaltung bei großem seitlichen Hakenabstand:

Baut man eine Reihenschaltung bei großen horizontalen Hakenabständen, so installiert man den Zentralpunkt bei dem als zuverlässiger eingeschätzten Fixpunkt. Die Verbindung zum zweiten Fixpunkt erfolgt locker.

Im Gegensatz zu übereinander befindlichen Fixpunkten kann das Ausbrechen des Hakens, an dem der Zentralpunkt gebaut wurde, jetzt äußerst unangenehme Folgen haben. Man sollte ihm deshalb volles Vertrauen schenken können oder ihn zusätzlich (etwa mittels Klemmkeil) absichern. Dies gilt sowohl für die Variante mit Zusatzschlinge als auch für den Bau mit dem Kletterseil.

Oben: Reihenschaltung mit Kletterseil bei großem horizontalen Hakenabstand

Standplatz mit Kräftedreieck

Mit Hilfe des Kräftedreiecks gelingt es, die am Standplatz auftretenden Kräfte gleichmäßig auf beide Fixpunkte zu verteilen. Der Aufbau beginnt, indem man eine Bandschlinge mittels zweier Karabiner in die Fixpunkte einhängt.

Dabei ist zu beachten:

- Die Schlinge soll nicht unnötig lang sein (ca. doppelter Fixpunktabstand).
- Der Öffnungswinkel des Kräftedreiecks soll kleiner als 90° sein.
- Der Knoten soll sich in unmittelbarer Nähe eines Fixpunktes befinden.

In die beiden Stränge der Bandschlinge klinkt man einen Verschlußkarabiner ein, wobei man einen Strang um 180° verdreht. Dreht man keinen Strang, so hängt sich der Karabiner beim Ausbruch eines Hakens aus; dreht man beide Stränge, so führt dies mit 25 % Wahrscheinlichkeit zum selben Ergebnis. Bereits der Ausbruch eines der beiden Haken könnte somit in diesem Fall zum Absturz der gesamten Seilschaft führen.

Man dreht deshalb genau einen Strang um 180°, klinkt einen Verschlußkarabiner in beide Stränge ein und hängt Selbst- und Kameradensicherung ein. Auch hier sollte die Länge der Selbstsicherung 0,5 m nicht überschreiten. Andernfalls ist die Vorsteigersicherung schlecht zu handhaben.

Wer ein Kräftedreieck baut, muß sich darüber im klaren sein, daß er bei Sturzzug eine gewisse Strecke hochgezogen werden kann. An einer planen Felswand besteht dabei keine Gefahr anzuschlagen, da die Selbstsicherung genügend Spielraum läßt. Hat man aber ein Dach oder ähnliches in Reichweite über dem Kopf, so ist diese Sicherungsart ungünstig. Man sollte das Kräftedreieck dann zusätzlich nach unten absichern (siehe Abbildung oben) oder die Reihenschaltung benützen.

Alpines Klettern

Ähnlich ist die Situation bei seitlichem Sturzzug. Dieser tritt auf, wenn sich die erste Zwischensicherung nicht über dem Standplatz, sondern seitlich von ihm befindet.
In solchen Fällen ist es am günstigsten, wenn sich der Sichernde bereits vorsorglich in Richtung der zu erwartenden Zugrichtung plaziert. So kann er bei einem Sturz nicht seitlich weggerissen werden.

Kräftedreieck oder Reihenschaltung?

Früher wurde das Kräftedreieck als die einzig empfehlenswerte Verbindung zweier Fixpunkte dargestellt. Man baute es damals außerdem ohne Zentralpunkt, also mit Selbstsicherung an einem der beiden Fixpunkte.

Diese Methode wird heute nicht mehr empfohlen; sie weist einige Nachteile auf.

- Klettert der Vorsteiger rasch, so kommt der Sichernde häufig mit dem Seilausgeben nicht mehr nach, da die HMS-Sicherung frei beweglich aufgehängt ist. Daher gibt man das Seil zunächst in einer Schlaufe nach unten aus. Dies bedeutet bei Sturzzug nach oben gut und gern 2 m Sturzstreckenverlängerung mit entsprechendem Seildurchlauf in der Hand des Sichernden und der Gefahr, daß er wegen Verbrennung losläßt.
- Bei Sturzzug nach unten vergegenwärtige man sich die Folgen, wenn der Haken, an dem die Selbstsicherung hängt, ausbricht. Die Sturzstrecke verlängert sich und der Sichernde wird höchstwahrscheinlich aus dem Stand gerissen. Der verbleibende Haken muß daraufhin die erhöhte Fallenergie und den durch den Sichernden hinzukommenden Fangstoß aushalten.

Benützt man das Kräftedreieck mit Zentralpunkt, so ist die Handhabung deutlich besser, da die HMS-Sicherung nicht nach oben ausweichen kann. Sturzzug nach oben wird ohne Sturzstreckenverlängerung und zudem weicher gehalten, da es den Sichernden ein Stück hochzieht. Dieser sollte allerdings Erfahrung mit der Körpersicherung haben, um nicht vor Schreck das Seil loszulassen.

Kräftedreieck bei seitlicher Plazierung des Sichernden

Bei Sturzzug nach unten und Hakenausbruch vermindert sich die Gefahr, daß der Sichernde aus dem Stand gerissen wird, da das Nachgeben seiner Selbstsicherung nur mehr rund die Hälfte beträgt. Allerdings ist das immer noch ungünstig. Vollends beheben kann man dieses Problem, indem man das Kräftedreieck unmittelbar rechts und links des Zentralpunktkarabiners mit einem Sackstich abknotet (abgeknotetes Kräftedreieck). Das Nachgeben des Systems ist jetzt auf ein Minimum beschränkt. Einfacher erreicht man diesen Effekt mit der Reihenschaltung. Bei übereinander liegenden Haken führt der Ausbruch eines Fixpunkts hier zu keinem nennenswerten Nachgeben.

Praxistips:
- Vermutlich gleich gute Fixpunkte sollten mit dem Kräftedreieck verbunden werden, da dieses die Kraft am besten verteilt und dadurch die Ausbruchswahrscheinlichkeit minimiert.
- Vermutlich unterschiedlich gute Fixpunkte sollten mit der Reihenschaltung verbunden werden, da diese bei Ausbruch des schlechteren keine Sturzstreckenverlängerung bewirkt.

Ein weiteres Anwendungskriterium für Reihenschaltung oder Kräftedreieck ist der Abstand der Fixpunkte. Kräftedreiecke mit großen Winkeln verursachen eine erhöhte Hakenbelastung (siehe Alpin-Lehrplan »Ausrüstung – Sicherung – Sicherheit«).
Kräftedreiecke bei großem horizontalen Fixpunktabstand beinhalten die Gefahr großer Sturzstreckenverlängerung bei Hakenausbruch. Kräftedreiecke sollten deshalb nur bei Hakenabständen von bis zu rund 0,5 m ange-

SICHERUNGSTECHNIK

wendet werden. Bei größeren Abständen empfiehlt sich wiederum die Reihenschaltung.

Praxistips:
- bei nebeneinanderliegenden Fixpunkten: Kräftedreieck
- bei großen horizontalen Hakenabständen: Reihenschaltung
- bei großen vertikalen Hakenabständen: Reihenschaltung

Grundsätze der Absicherung für den Seilzweiten

Klettern zwei gleich starke Partner miteinander, so bringt der Seilerste die Zwischensicherung im allgemeinen für sich selbst an. Führt hingegen ein Bergführer, so dienen die gelegten Zwischensicherungen überwiegend seinem Gast, also dem Nachsteiger.

Diese Feststellung legt den Schluß nahe, daß auch im Kletteralltag Situationen auftreten können, die Sicherungen speziell für den Nachsteiger erforderlich bzw. wünschenswert machen. In der Tat kann ohne weiteres vorkommen, daß der Seilzweite eine Stelle sogar mit schlechterer Sicherung zu bewältigen hat als der Vorsteiger. – Klettert man etwa über einer guten Zwischensicherung eine schwere, später leichter werdende Passage vertikal hinauf, nach deren Ende ein längerer, einfacher Quergang zum Stand folgt, ist für den Seilersten die schwere Passage durch die darunter befindliche Zwischensicherung passabel gesichert. Weiter oben benötigt er keine weitere Absicherung mehr bis zum Stand. – Für den Nachsteiger bedeutet diese Situation aber, daß er nach dem Aushängen der Zwischensicherung nicht mehr korrekt gesichert ist. Stürzt er, absolviert er einen gefährlichen Pendler. Dieser wäre durch eine weitere, richtig plazierte Zwischensicherung zu vermeiden.

Praxistip:
- Verläuft eine Route zunächst vertikal und danach querend, ist am Ende der Vertikalen bzw. am Beginn der Querung eine Zwischensicherung erforderlich.

Eine weitere für den Nachsteiger problematische Situation kann in Quergängen entstehen, wenn nach einer schweren Stelle keine Zwischensicherung eingehängt wurde. Wieder muß der Nachsteiger einen weiten Pendelsturz riskieren. Hinter die schwere Stelle gehört also eine Zwischensicherung.

Praxistips:
- Nach schweren Stellen in Querungen sollte eine Zwischensicherung angebracht werden.
- Benützt man dafür einen Klemmkeil, so ist die potentielle Belastungsrichtung zu bedenken. Sie zeigt schräg nach unten und zwar in Richtung des Quergangs.

Noch eine Situation sei hier dargestellt: Befindet sich der nächste Standplatz lotrecht über einer Quergangspassage, so gibt es eine elegante Absicherungsmöglichkeit für den Seilzweiten. Sie gewinnt besonders bei fallenden oder seiltechnischen Quergängen an Bedeutung.

Sofern ein Doppelseil benützt wird, hängt der Vorsteiger vom Beginn der Querung an bis zum Standplatz immer denselben Seilstrang ein. Beim Nachsichern steht dann der zweite Seilstrang zur Verfügung, um den Nachsteiger während der gesamten Querungspassage direkt von oben bzw. schräg von oben zu sichern. Beim Nachsichern sind dabei beide Seilstränge getrennt einzuhängen.

Absichern einer Quergangspassage für den Seilzweiten

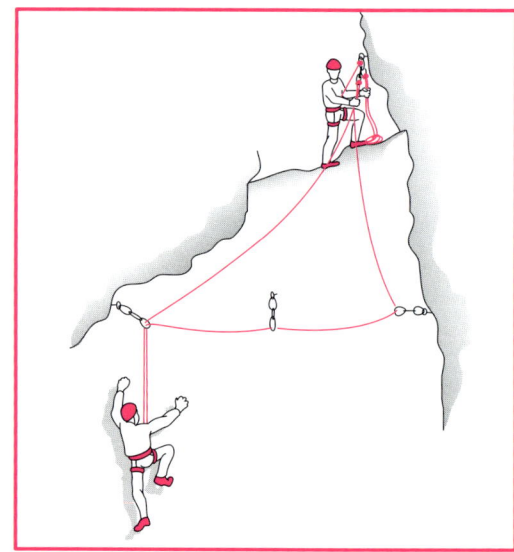

Alpines Klettern

Nachsteiger

Weitere führungstechnische Maßnahmen

Ist man mit einem schwächeren Partner unterwegs, so kann man je nach Situation mit der einen oder anderen der hier aufgelisteten führungstechnischen Maßnahmen problematische Situationen vermeiden.

Praxistips:
- Standplätze in Rufweite oder am besten in Sichtweite wählen.
- An bzw. unmittelbar über schweren Stellen eine längere Schlinge als zusätzliche Griffmöglichkeit einhängen.
- In von oben nicht mehr einsehbaren Passagen die Zwischensicherungen so wählen, daß der Verlauf des Seils dem Nachsteiger die Kletterlinie schon vorgibt (Anfänger klettern gern einfach dem Seil nach).
- Klemmkeile so legen, daß sie leicht wieder zu entfernen sind.

Weitere führungstechnische Maßnahmen gehören in den professionellen Bereich der Bergführer und sind deshalb hier nicht behandelt. Dies betrifft insbesondere das Gehen am kurzen Seil.

Gleichzeitiges Nachsichern von zwei Partnern

Wer zwei Nachsteiger gleichzeitig sichert, leistet Schwerarbeit. Nicht nur, daß er die Seillänge vorzusteigen hatte – nein, selbst jetzt, während der wohlverdienten Pausen am Standplatz, sind zwei Seile aufmerksam festzuhalten und einzeln nachzuholen. Noch dazu klemmen nicht selten die HMS-Sicherungen. Diese Situation verdient es, hinsichtlich Ökonomie und Sicherheit unter die Lupe genommen zu werden. Schließlich sollte auch der Vorsteiger einer Dreierseilschaft die Kletterei noch genießen können.

Zunächst muß allerdings erwähnt werden, daß das Einhängen beider Seile in einen gemeinsamen HMS-Karabiner (wie bei der Zwillingsseiltechnik) nicht in Frage kommt. Belastet nämlich einer der Nachsteiger die Sicherung, so kann das zweite Seil nicht mehr eingezogen werden.

Die Bedienbarkeit zweier HMS-Sicherungen läßt sich optimieren, indem man die beiden HMS-Karabiner so aufhängt, daß sie sich auch unter Belastung nicht gegenseitig behindern. Dazu werden beide in einen dritten Verschlußkarabiner eingehängt, und zwar der eine direkt und der andere mittels einer kurzen Expreßschlinge. Die beiden Sicherungen sind somit um etwas mehr als eine Karabinerlänge gegeneinander versetzt, und die beiden Halbmastwürfe können sich daher nicht mehr berühren.

Von links nach rechts: Zwischensicherung vor dem Quergang

Zwischensicherung nach schwerer Quergangsstelle

Zwei mittels Expreßschlinge versetzt eingehängte HMS-Karabiner

SICHERUNGSTECHNIK

Doch selbst eine unter ökonomischen Gesichtspunkten optimierte Anordnung der Sicherungen löst noch nicht das Problem, daß während des Nachziehens eines Seils das andere Seil aufmerksam in der Hand gehalten werden muß. Dieses gleichzeitige Ausführen zweier Tätigkeiten erfordert viel Konzentration und ein hohes Maß an Fingerfertigkeit.

Man vergegenwärtige sich auch, daß ein im Sturzfall aus der Hand gerissenes Bremsseil sich sofort in schnell schwingende Bewegungen versetzt. Man bekommt es häufig nicht mehr zu fassen, wie genügend Unfälle dokumentieren.

Aufgrund dieser Betrachtungen stellt sich die Frage, ob man die Nachsteiger nicht über ein System mit Rücklaufsperre sichern sollte. Dies hat natürlich den Nachteil, daß man nicht ohne weiteres wieder Seil ausgeben kann. Das Ausgeben des Seils kann zum Freiklettern und zum Aushängen von Zwischensicherungen manchmal hilfreich sein. Andererseits lassen sich die meisten möglichen Problemsituationen vermeiden, wenn die Nachsteiger von vornherein wissen, daß sie kein Seil mehr ausgegeben bekommen.

Als Sicherungsgerät mit Rücklaufsperre eignet sich die Magic Plate, eine Sicherungsplatte, die zwei Seile aufnehmen kann. Die Seile werden wie unten abgebildet eingelegt. Seileinnehmen ist problemlos möglich; in der umgekehrten Richtung blockiert die Bremse. Im unbelasteten Zustand läßt sich das Seil, allerdings etwas mühsam, auch ausgeben. Zum Nachsichern von zwei Personen hat sich das Gerät in der Praxis bestens bewährt.

Unten links: Magic Plate

Unten rechts: Für den Transport aufgenommenes und abgeknotetes Seil

Seiltransport

Besonders in längeren alpinen Touren kann es vorkommen, daß man zwischen zwei Seillängen ein Geröllfeld, einen Grashang oder vergleichbares Gelände zu überwinden hat.

Solche Passagen wie normale Seillängen zu sichern ist zeitaufwendig und kann Steinschlag auslösen. Sich während dieser Passagen auszubinden, das Seil aufzuschießen und auf den Rücken zu nehmen ist ebenfalls ziemlich umständlich.

Am einfachsten ist es hier, wenn jeder Partner sich knapp die Hälfte des Seils über die Schulter legt und man die Passage mit 3–5 m Seilabstand gleichzeitig überwindet. Unverzichtbar ist dabei, daß man das zum Partner führende Seil mit Sackstich oder Mastwurf und Verschlußkarabiner am Anseilpunkt fixiert. Unterläßt man dies, so kann starker Zug am Seil zur Strangulation führen.

Außerordentlich wichtig ist auch, daß man mit dieser Methode kein absturzgefährdetes Gelände begeht. Die Wahrscheinlichkeit, einen Sturz des Partners halten zu können, wäre zu gering.

Auch dürfen Bergführer, die im leichten Klettergelände ähnliche Methoden anwenden, hier nicht als nachahmenswerte Vorbilder betrachtet werden. Sie absolvieren während ihrer Ausbildung ein wochenlanges Training der Führungstechnik mit dem kurzen Seil und wissen genau, wann sie einen Sturz des Geführten noch halten können. Über dieses Wissen bzw. diese praktische Erfahrung verfügt der normale Bergsteiger nur selten in ausreichendem Maße. Es wäre deshalb ein Fehler, zu glauben, daß alles, was ein Bergführer berechtigterweise tut, auch für die Anwendung im nichtprofessionellen Bereich empfehlenswert sei.

Der Seiltransport kommt also nur in Frage, solange keine Absturzgefahr vorliegt. Besteht Absturzgefahr, so muß korrekt gesichert werden.

Praxistip:
- Schlingen relativ eng über die Schultern legen, da sie sonst leicht herunterrutschen und behindern.

TECHNISCHES KLETTERN

Um die Jahrhundertmitte entwickelte sich das sogenannte technische Klettern. Dabei ging bzw. geht es im wesentlichen darum, daß man sich an künstlichen Fixpunkten, insbesondere an Haken und Bohrhaken, mit Hilfe von Trittleitern emporarbeitet.

Ihre Blüte hatte diese Spielform des Bergsteigens in den späten fünfziger und frühen sechziger Jahren. Damals wurde zum Beispiel eine Route an der Rotwand in 100 Stunden Kletterzeit und mit 420 Haken eröffnet. Im AV-Führer der Rosengartengruppe liest man über diese Tour: »Von den Erstbegehern waren nur wenige Meter frei geklettert worden.«

Aus heutiger Sicht gehört das technische Klettern um seiner selbst willen weitgehend der alpinen Geschichte an. Es zeigte sich nämlich bald, daß mit diesen Mitteln nichts unmöglich war. Der Aspekt des Ungewissen, des Abenteuers ging verloren.

Auch nagt der Zahn der Zeit an den guten alten Stiftbohrhaken, so daß Wiederholungen der klassischen Techno-Routen heutzutage zum Teil ein erhebliches Sicherheitsrisiko darstellen. Aus diesem Grunde sind sie ohne Sanierung auch für ambitionierte Freikletterer weitgehend uninteressant.

Trotzdem hat das technische Klettern auch heute seinen festen Platz in der Palette alpinistischer Spielformen, und zwar im wesentlichen in zwei Varianten:

- Zum einen werden Passagen technisch geklettert, die in freier Kletterei das Können des Erstbegehers oder eines Wiederholers überfordern.
- Zum anderen gibt es nach wie vor technische Kletterei als Selbstzweck, besonders in den USA an sogenannten Big walls. Dort werden die meisten der verwendeten Fixpunkte jeweils selbst angebracht und anschließend wieder entfernt.

Die folgenden Kapitel beschäftigen sich mit grundlegenden Aspekten und Methoden des technischen Kletterns.

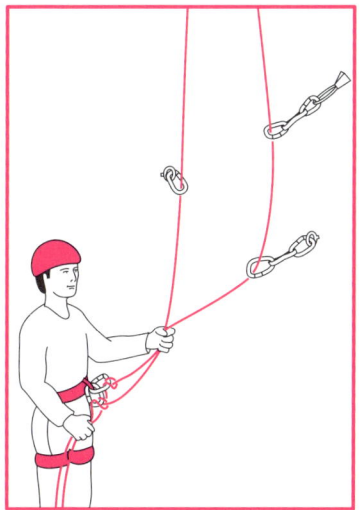 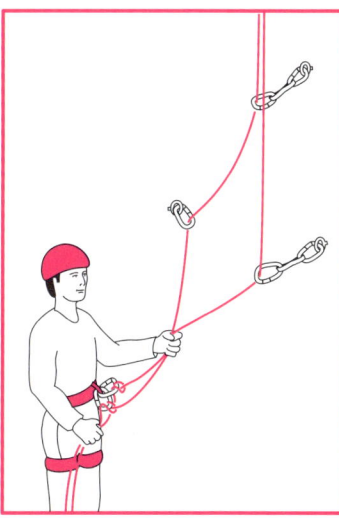

Oben links: Doppelseiltechnik

Oben rechts: Freies Weiterklettern nach Anwendung der Doppelseiltechnik

Doppelseiltechnik

Technisch klettern kann man sowohl unter Verwendung eines Einfachseils als auch mit der Doppelseiltechnik. Diese besteht darin, daß man abwechselnd den einen und dann den anderen Seilstrang in die Zwischensicherungen einklinkt und sich Zug geben läßt. Der Sichernde muß dabei beide Seilstränge unabhängig voneinander bedienen, also bei Verwendung der Halbmastwurfsicherung zwei getrennte HMS-Karabiner einhängen.

Auch bei Freikletterei eignet sich die Doppelseiltechnik gut, um eine im Zickzack verlaufende Seilführung zu vermeiden. In diesem Falle hängt man die Seile nicht alternierend ein, sondern den einen Strang in alle tendenziell rechts und den anderen Strang in alle tendenziell links befindlichen Zwischensicherungen. Soll nach einer in Doppelseiltechnik technisch überwundenen Passage frei weitergeklettert werden, so ist es empfehlenswert, zur Zwillingsseiltechnik überzugehen und beide Seilstränge parallel zu führen.

Seilzug

Seilzug kann als Zug durch den Partner oder als Selbstzug angewendet werden. Selbstzug hat gegenüber dem Festhalten und Hochziehen am Fixpunkt den Vorteil, daß man erheblich weniger Kraft aufwenden muß. Man benützt sozusagen einen einfachen Flaschenzug.

SICHERUNGSTECHNIK

Links:
Selbstzug mit Seilschwanz als Seilerster

Rechts:
Selbstzug mit Seilschwanz als Seilzweiter

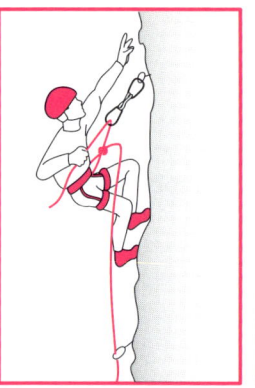 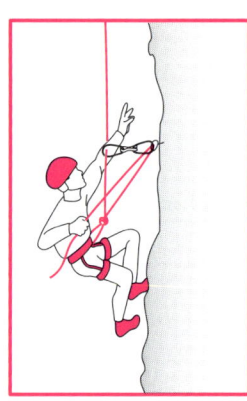

Verwendet man Selbstzug, um zum nächsten Haken hochgreifen zu können, so wird der Fixpunkt allerdings extrem nach außen, möglicherweise sogar schräg nach oben belastet. Die Gefahr, auf diese Art einen Haken zu »ziehen«, darf nicht unterschätzt werden. Günstiger als Selbstzug ist unter diesem Gesichtspunkt die Verwendung einer Trittleiter.

Daraus ergibt sich auch, daß es wenig sinnvoll ist, eine Route ohne Benützung von Leitern in A0-Technik begehen zu wollen. Letztere ist gegenüber der Leitertechnik lediglich anstrengender und gefährlicher. Hinsichtlich des Stils sind die Methoden nicht zu unterscheiden – beide gelten als technische Kletterei.

Selbstzug sollte also lediglich für das Hochziehen bis zum Haken oder in Kombination mit Trittleitern angewendet werden.

Selbstzug mit Kletterseil

Für Selbstzug mit Einfachseil klinkt man eine Expreßschlinge in den Haken ein, hält sich einhändig daran fest und hängt mit der anderen Hand das Seil ein. Anschließend kann man sich Selbstzug geben. Diese Methode ist ziemlich anstrengend und beinhaltet die Möglichkeit eines relativ weiten Sturzes, falls der Haken ausbricht. Darüber hinaus besteht bei Hakenausbruch erhebliche Verletzungsgefahr, sofern man das Seil um die haltende Hand gewickelt hatte.

Bei der Doppelseiltechnik kann immer ein Seilstrang entlastet werden, so daß man diesen zu Selbstzugzwecken benützen kann.

Unten links:
Selbstzug mit Einfachseil

Unten rechts:
Selbstzug mit Doppelseil

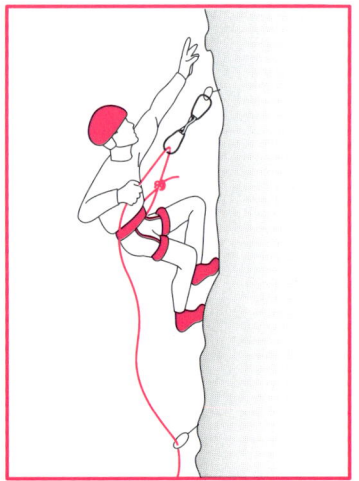 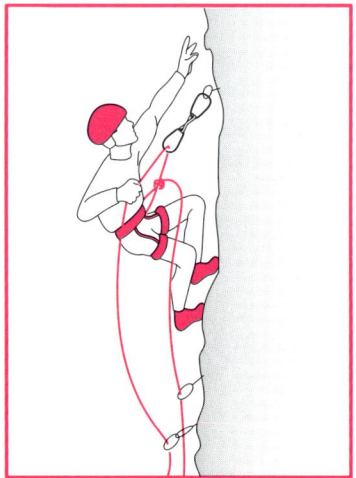

Selbstzug mit Seilschwanz

Beim Selbstzug mit Seilschwanz als Seilerster bindet man sich so ein, daß das Seilende ungefähr 1,5 m lang ist. Dieser sogenannte Seilschwanz wird in die Expreßschlinge eingehängt. Erst wenn man sich am Seilschwanz hochgezogen hat, wird das Kletterseil eingeklinkt.

Vorsicht ist beim freien Weiterklettern mit Seilschwanz geboten. Hier besteht die Möglichkeit, daß anstelle des Kletterseils versehentlich nur der Seilschwanz in die Zwischensicherungen eingehängt wird.

Um sich als Seilzweiter Selbstzug zu geben, fädelt man den Seilschwanz neben dem Karabiner direkt durch die Hakenöse. Auf diese Weise kann man den Karabiner entlasten und problemlos aushängen.

Zug durch den Sichernden

Zug kann prinzipiell auch vom Sichernden gegeben werden. Er erleichtert dadurch dem Kletternden die Arbeit. Zu bedenken ist allerdings, daß sich die Belastung des benutzten Fixpunktes annähernd verdoppelt.

Seilquergänge

Seilquergang bedeutet, daß man eine Seilhilfe benützt, um frei nicht kletterbare Querungen zu überwinden. Die Entwicklung des Seilquergangs wird Hans Dülfer zugeschrieben. Seine Technik ist für bestimmte Situationen nach wie vor geeignet. In anderen Situationen wendet man aber besser eine weiterent-

Technisches Klettern

wickelte Methode an, die sich auch für Pendelquergänge eignet. Für jede der im folgenden beschriebenen Techniken benötigt man ein Doppelseil oder Zwillingsseil.

Seilquergang nach Dülfer

Beim Dülferquergang binden sich beide Seilpartner aus einem (demselben) Seilstrang aus. Der Vorsteiger richtet am Beginn des Quergangs mit dem ausgebundenen Seil eine Abseilstelle ein und seilt schräg in die gewünschte Richtung ab. Ein Abseilachter ist hierbei dem klassischen Dülfersitz vorzuziehen.
Der Vorsteiger hängt den Seilstrang, an dem er noch gesichert ist, sowohl am Quergangsbeginn als auch in alle folgenden Zwischensicherungen ein. Am Ende des Quergangs fixiert er beide Stränge des Abseilseiles straff und sichert nach. Der Nachsteiger klinkt sich mit einer Expreßschlinge in beide Stränge des gespannten Quergangsseils ein und überwindet den Quergang quasi mittels Seilbahn. Zuletzt wird das Quergangsseil wie beim Abseilen abgezogen.
Diese Methode hat zwei Nachteile für den Vorsteiger. Zum einen benötigt er ständig eine Hand für das schräge Abseilen, zum anderen erfolgt bei einigermaßen horizontalen Quergängen mit mehreren Zwischenhaken der Seilzug bald dermaßen schräg, daß er keine Hilfe mehr darstellt.

Praxistips:
- Die Dülfertechnik ist trotz dieser Nachteile anzuwenden, wenn am Beginn des Quergangs keine Metallöse (Ringhaken, Abseilring oder fixer Karabiner) vorhanden ist und auch nicht hinterlassen werden soll.
- Der Dülferquergang ist auch anzuwenden, wenn dem gegebenenfalls schwächeren Seilzweiten beidseitig gesicherte Klettermanöver erspart werden sollen.

Seil- oder Pendelquergang mit Ablassen des Vorsteigers

Bei technisch anspruchsvollen Seilquergängen oder Pendelquergängen eignet sich am besten die folgende Methode, die allerdings eine Metallöse am Quergangsbeginn erfordert.
Der Vorsteiger fixiert sich am Quergangsbeginn, bindet sich aus einem Seilstrang aus, fädelt ihn durch die Metallöse und bindet sich wieder ein. Daraufhin wird er dosiert abgelassen, wobei ihm beide Hände zum Queren mit Seilzug zur Verfügung stehen.

Praxistips:
- Bei Zwischenhaken im Quergang ist immer derjenige Seilstrang einzuhängen, der nicht am Beginn der Querung gefädelt wurde.
- Sobald ein Zwischenhaken eingehängt wurde, erfolgt das weitere Ablassen an dem dort eingehängten Seilstrang.
- Mit dieser Methode kann praktisch von jeder erreichten Zwischensicherung aus ein neuer, kleiner Seilquergang gestartet werden.

Am Stand angekommen, sichert der Vorsteiger an beiden Strängen getrennt nach. Während der Nachsteiger in der Querung klettert, muß der Sichernde ein Seil einnehmen und das andere nachgeben. Überfordert die Kletterei den Nachsteiger, so wird das in der Querung eingehängte Seil fixiert und dann das gefädelte Seil langsam nachgelassen.

Von links nach rechts:
Erster im Seilquergang (Dülfertechnik)

Zweiter im Seilquergang (Dülfertechnik)

Vorsteiger am Quergangsbeginn

Vorsteiger im weiteren Verlauf des Quergangs

   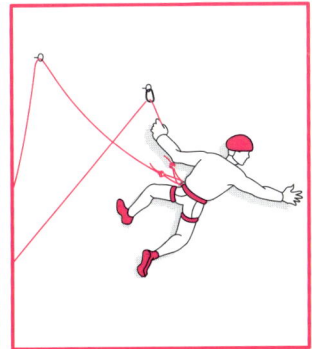

SICHERUNGSTECHNIK

Von links nach rechts: Nachsteiger beidseitig gesichert

Vorsteiger im Pendelquergang

Dülferquergang bei zwei Nachsteigern

Auf diese Weise gelangt der Nachsteiger in die Fallinie der nächsten Zwischensicherung, zu welcher er anschließend kletternd, hangelnd oder prusikend hinaufkommt. Nach dem Aushängen wiederholt man den Vorgang, bis die ganze Querung überwunden ist. Am Stand angekommen, bindet sich der Nachsteiger aus dem gefädelten Seilstrang aus und zieht schließlich das Seil ab.

Die hier beschriebene Methode ist auch für Pendelquergänge geeignet. Dabei erreicht man das Ende des Quergangs bzw. eine Zwischensicherung nicht durch schräges Hinüberziehen, sondern durch mehrfaches Hinundherpendeln.

Praxistips:
- Um gut pendeln zu können, ist es sinnvoll, auch den nicht gefädelten Seilstrang am Beginn des Pendelquergangs einzuhängen.
- Das Fädeln des Seils am Quergangsbeginn kann auch vom Seilzweiten durchgeführt werden.

Dülferquergang für Dreierseilschaft

Soll ein Seilquergang von einer Dreierseilschaft begangen werden, so bedient man sich am besten der Dülfertechnik. Hierzu bindet sich einer der Nachsteiger aus seinem Seilstrang aus und bindet sich in der Mitte des anderen Seiles mittels einer Weiche ein. Auf diese Art und Weise können beide Nachsteiger nacheinander an der »Seilbahn« herübergesichert werden.

Rückwärtiges Absichern kurzer Passagen

Bei ganz normalen Quergängen kommt es öfter vor, daß der Seilerste ein kurzes Stück mit schrägem Seilzug überwindet, wohingegen dem Seilzweiten diese Möglichkeit nicht gegeben ist.

Sofern an der gegebenen Zwischensicherung eine ausreichend große Metallöse vorhanden ist oder hinterlassen wird, kann sich der Seilzweite entweder mittels eines längeren Seilschwanzes behelfen oder indem er einen Seilstrang doppelt durch die Öse zieht und die entstandene Schlaufe am Anseilpunkt einhängt.

Der Partner sichert nun lediglich am nicht gefädelten Seilstrang, während er den anderen großzügig ausgibt. Der Nachsteiger läßt sich an diesem doppelt gefädelten Strang bis zur gewünschten Stelle ab, klinkt dann die Schlaufe am Gurt aus und zieht das Seil ab. Der Vorteil des Verfahrens ist, daß man sich das Ausbinden erspart.

Klettern mit Tritthilfen

Die folgenden Kapitel geben Hinweise zum Stehen auf Haken, was noch unter A0 fällt. Darüber hinaus werden die sogenannten Baustellen und die Trittleitertechnik behandelt. Diese wird in der Schwierigkeitsskala mit A1 bis A5 bewertet, wobei zunehmende A-Grade in erster Linie abnehmende Hakenqualität

Technisches Klettern

bedeuten. Auch wird das Erreichen der Haken und das Anbringen entfernter oder ausgebrochener Haken mit zunehmendem A-Grad schwieriger.

Haken als Tritthilfen

Sowohl im Rahmen von tendenziell freier Kletterei als auch im Rahmen von technischer Kletterei kommt es vor, daß Haken als Tritte benutzt werden. Man beachte dabei, daß Metall weniger Reibung aufweist als Fels, daß also der Fuß leicht abrutschen kann. Auch ist ein »Einfädeln« des betreffenden Beins im Sturzfall möglich. Das Bein gerät dabei vor das Kletterseil, was beim Abfangen des Sturzes einen Überschlag verursacht (siehe »Seilführung am Körper«, S. 45).

Steigt man nach Trittleitereinsatz auf den Haken, so muß man sich darüber im klaren sein, daß die Nachholleine den Fiffi früher oder später aushängt. Der Rückweg ist damit abgeschnitten. Abspringen ist in vielen Situationen nicht unbedingt zu empfehlen. Man sollte deshalb bereits vor dem Verlassen der Trittleiter einen Plan für die nächsten Meter entwickelt haben.

Baustellen

Der Begriff »Baustelle« stammt aus dem Elbsandsteingebirge. Im Alpenraum existiert für dieselbe Technik auch die Bezeichnung »Steigbaum«. Dabei steigt ein Kletterer auf seinen Partner, um eine schwierige Stelle zu überwinden. Zweckmäßigerweise steigt er dabei zunächst in die gefalteten Hände und anschließend auf die Schultern des »Bauenden«.

Solche Baustellen können sowohl am Boden oder auf großen Bändern errichtet werden als auch mitten in der Kletterei. Im letzteren Fall muß der Bauende natürlich direkt an der Baustelle Stand haben und zusätzlich sichern. Erwähnenswert ist hier auch, daß es in Sachsen als unsportlich gilt, wenn der Bauende sich auf Zug in die Sicherung hängt. Er darf selbstverständlich gesichert sein, muß aber aus eigener Kraft die Tritthilfe für seinen Partner realisieren, wenn die Begehung als stilrein gelten soll.

Klettern mit Trittleitern

Ob man eine oder zwei Leitern benützt, ob man einzelne Stellen, eine Seillänge oder ganze Big walls mit dieser klassischen Methode technischer Kletterei angeht, immer wieder geht es um die folgenden Themen:
- Stabilisieren des Kippmoments nach hinten
- Kraft sparen in Überhängen und Dächern
- Verhau minimieren
- ökonomische Aktionsmuster

Stabilisieren des Kippmoments:

Bereits im senkrechten Gelände ist es schwierig, in den oberen Stufen der Leiter zu stehen, ohne nach hinten abzukippen. Man überwindet dieses Kippmoment, indem man den in der Leiter befindlichen Fuß wie auf der folgenden Seite abgebildet hinter dem anderen Bein überkreuzt.

Dadurch verlagert sich zum einen die Trittfläche nach hinten, was eine günstigere Schwerpunktlage ergibt, zum anderen wird die Wade des unbelasteten Beines von der Leiter in Richtung Fels gedrückt. Bandleitern haben hier gegenüber mehrsprossigen Trittleitern den Vorteil, daß sie schmerzfreier an der Wade anliegen.

Kraft sparen in Überhängen:

Technisches Klettern in Überhängen und Dächern ist anstrengend. Man benötigt eine Methode, die maximale Reichweite bei minimalem Kraftaufwand ermöglicht.

Oben links:
Rückwärtige Absicherung des Seilzweiten

Oben rechts:
Abziehen des Seils nach rückwärtiger Absicherung

SICHERUNGSTECHNIK

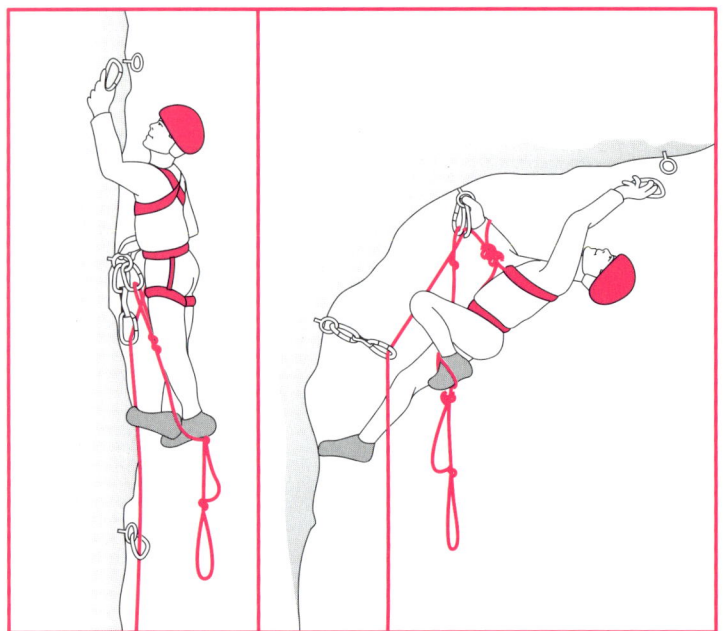

Oben links: Stehen in der Trittleiter mit überkreuzten Beinen

Oben rechts: Absitzen in der Trittleiter

Geeignet ist hier das Absitzen in der Leiter, wobei sich die Leiter auf der Schenkelinnenseite befindet. Durch diese Technik erreicht man einerseits eine bequeme Rastposition in Verbindung mit Seilzug und andererseits eine maximale seitliche bzw. schräg nach oben gerichtete Reichweite.

Verhau minimieren:

Ein chronisches Problem beim technischen Klettern ist der Seil- und Ausrüstungsverhau. Sinnvollerweise achtet man also darauf, einen solchen Verhau von vornherein zu vermeiden oder ihn wenigstens nicht ausufern zu lassen.

Praxistips:

- Keine unnötige Ausrüstung mitführen. Für einzelne technische Stellen etwa genügt oft eine improvisierte Bandleiter, gegebenenfalls sogar ohne Fiffi. Andererseits können für technische Überhang- oder Dachkletterei zwei Leitern durchaus empfehlenswert sein. Unsinnig ist es, mehr als diese zwei Leitern pro Kletterer einzuplanen.
- Ausrüstung mit System ordnen (z. B. eine Leiter rechts, die andere links) und diese Ordnung während der Kletterei aufrechterhalten bzw. sofort wiederherstellen, wenn sie verlorenging.

Ökonomische Aktionsmuster:

Beim technischen Klettern zahlt es sich aus, wenn man zuerst überlegt und dann handelt. Es gilt, ein ökonomisches Aktionsmuster zu finden.

Praxistips:

- Hängt schon der Fiffi in einer Hakenöse, so ist es oft unmöglich, nachträglich noch einen Karabiner einzuhängen.
- Da der Haken normalerweise als Zwischensicherung und häufig auch für Selbstzug benützt wird, ist zunächst ein Karabiner oder eine Expreßschlinge, daraufhin das Kletterseil (bzw. ein Seilstrang) und anschließend der Fiffi einzuhängen. Dies ist das klassische Aktionsmuster technischer Kletterei.
- Eine Ausnahme von diesem Muster stellt die Situation dar, daß man bei längeren technischen Passagen tendenziell nur jeden zweiten Haken als Zwischensicherung einhängen möchte. In dabei auszulassende Haken hängt man die Leiter direkt ein. Man muß jetzt allerdings den nächsten Fixpunkt ohne Seilzug erreichen, sofern die Öse neben dem Fiffi keinen Karabiner mehr aufnehmen kann.
- Etwas umständlicher läßt sich auch das klassische Aktionsmuster benützen, wobei man nach Einklinken des nächsten Hakens von der untersten Stufe der Leiter aus den überkletterten Karabiner wieder entfernt.

Das beschriebene Nichteinhängen einer Zwischensicherung kommt auch bei unsicheren Fixpunkten in Verbindung mit der Einfachseiltechnik in Frage. Die Sturzhöhe beim Ausbruch des Fixpunkts verlängert sich nämlich, sofern man diesen Fixpunkt oberhalb des Anseilpunkts eingehängt hat.

Hier sei auch darauf hingewiesen, daß die Qualität vorgefundener Haken schwierig zu beurteilen ist. Es ist also nicht leicht zu entscheiden, welche Haken man ausläßt und welche nicht.

Generell sollte man nie einem einzigen Normalhaken sein Leben anvertrauen. Diese Überlegung betrifft hier insbesondere den Beginn technischer Kletterei nach einer längeren ungesicherten Freikletterpassage.

Technisches Klettern

Big-wall-Techniken

Die klassische Big-wall-Technik unterscheidet sich vom sogenannten Alpinstil dadurch, daß der Sichernde nicht nachklettert, sondern am fixierten Seil mit Steigklemmen aufsteigt.
Er entfernt dabei alle vom Vorsteiger angebrachten Zwischensicherungen. Der zieht unterdessen den Nachziehsack (Haul bag) auf, wobei er sich je nach dessen Gewicht unterschiedlicher Methoden bedient.

Besonders bei technischer Kletterei mit selbstangebrachten Fixpunkten hat die Big-wall-Technik gegenüber dem Alpinstil Vorteile:
- Das Entfernen der Zwischensicherungen geht mit Steigklemmen leichter als beim Nachsteigen.
- Keiner der Seilpartner trägt einen Rucksack.
- Der Seilzweite braucht die jeweilige Seillänge nicht zu klettern; er kommt deshalb erholter am Stand an und hat bessere Voraussetzungen, die nächste Seillänge vorzusteigen.

Für die Big-Wall-Technik benützt man normalerweise ein Einfachseil und ein Hilfsseil für den Haul bag. Als Hilfsseil eignet sich eine 6 oder 7 mm starke Reepschnur oder ein Zwillingsseilstrang. Diese Seilkombination kann auch für anspruchsvolle Freiklettereien empfohlen werden. Rucksackfreies Klettern, die volle Abseillänge und vergleichsweise unkompliziertes Einhängen sind die Vorteile.

Technisches Klettern mit selbstangebrachten Fixpunkten

Selbstangebrachte Fixpunkte sind meist Klemmkeile oder Haken. Bei Klemmkeilen ist besonders auf eine günstige Belastungsrichtung zu achten. Wie bereits dargelegt, wird man daher den Einsatz einer Leiter der Selbstzugtechnik vorziehen. Bei Haken ist zu bedenken, daß wiederholtes Schlagen und Entfernen die betreffende Rißstelle mit der Zeit nachhaltig verändert.

Im Yosemite (Kalifornien) führte dies dazu, daß manche Rißstellen für Spachtelhaken bis auf etwa 2 cm verbreitert wurden und jetzt als Griffe zu benützen sind.
Diese Folgen sprechen dafür, möglichst wenige Haken zu schlagen und statt dessen mit Klemmkeilen und Friends zu arbeiten. Auch sollten gut sitzende, strategisch wichtige Haken im Fels belassen werden. Strategisch wichtig bedeutet, daß ein Sturz ohne diesen Haken verletzungsträchtig wäre.
Schlecht sitzende Haken sollten allerdings nicht belassen werden, da spätere Wiederholer die Qualität der Haken häufig überschätzen. Es ist sicherer, einen schlechten Haken selbst zu schlagen und zu wissen, daß er schlecht ist, als einen schlechten Haken vorzufinden, aber nicht zu wissen, daß er schlecht ist.

Praxistips:
- Die Belastung zweifelhafter Fixpunkte ist nur vertretbar, sofern eine in der Nähe befindliche, solide Zwischensicherung den möglichen Sturz zu halten verspricht.
- Es muß betont werden, daß Stürze infolge eines Ausbruchs des Fixpunktes immer unkontrolliert verlaufen.

Bezüglich der Verwendung von Bohrhaken ist folgendes anzumerken: Es sollte unterlassen werden, Bohrhaken in bestehende Routen zum Zwecke einer eigenen Begehung zu setzen. Der Erstbegeher gibt seiner Route absichtlich einen bestimmten Charakter, welcher in erster Linie durch die Art der Sicherung entsteht. Diesen Charakter zu verändern stellt eine grobe Respektlosigkeit dar.
Bohrhaken sollten in bestehenden Routen nur im Rahmen von Sanierungen gesetzt werden. Diese sind mit dem Erstbegeher abzusprechen oder – postum – in regionalen Arbeitskreisen zu beschließen und durchzuführen.

Nachstieg an Steigklemmen/Prusiken

Das Nachsteigen bei der Big-wall-Technik erfolgt mit zwei Steigklemmen (Jumars).

SICHERUNGSTECHNIK

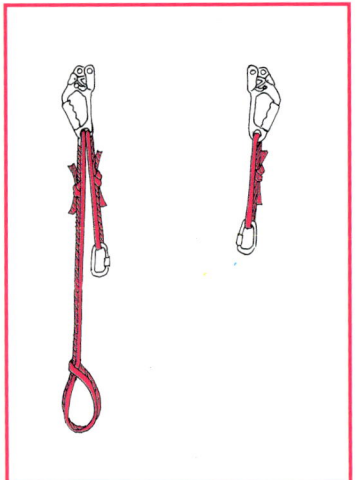

Zwei Steigklemmen mit vorbereiteten Schlingen für den Aufstieg am Seil

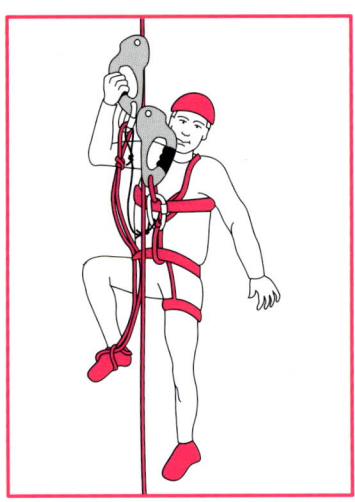

Aufstieg am Seil mit Steigklemmen

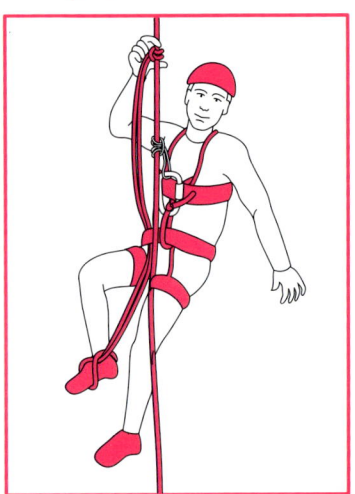

Aufstieg am Seil mit Prusikschlingen, Methode 1

Aufstieg am Seil mit Prusikschlingen, Methode 2

schieben kann. Diese Länge entspricht in etwa der Schulterhöhe bei aufrechtem Stand. Damit der Fuß bei Entlastung nicht aus der Schlinge rutscht, kann man sie entweder mit Ankerstich um den Fuß legen oder eine passende Schlaufe abknoten. In beiden Fällen ist ihre Länge entsprechend zu korrigieren. Die Schlinge darf in ihrem mittleren Bereich keinen Knoten aufweisen.

- Die zweite Bandschlinge muß genau vom Anseilpunkt bis zum voll nach oben gestreckten Arm reichen. Sie dient der Selbstsicherung und zum Rasten.
- Die zweite Steigklemme wird mit einer relativ kurzen Bandschlinge am Anseilpunkt befestigt. Man muß sie bis knapp unter die erste Steigklemme hochschieben können. Je nach Körpergröße und Höhe des Anseilpunktes beträgt die Länge dieser Bandschlinge 20 bis 50 cm.

Um mit den beiden Klemmen am Seil aufzusteigen (zu jumarn), hängt man die beiden dafür vorgesehenen Schlingen am Anseilpunkt ein (es ist darauf zu achten, daß alle Verbindungen mit Verschlußkarabinern vorgenommen werden). Dann führt man die Trittschlinge durch die Hüftschlaufe des Hüftgurtes und steigt in der vorgesehenen Art und Weise hinein. Stimmen alle Schlingenlängen, so gestattet diese Methode ein zügiges, ständig über beide Klemmen gesichertes Hochsteigen am fixierten Seil.

Hat man keine Steigklemmen, so kann man diese Technik auch mit einer langen Prusikschlinge und einem Kurzprusik improvisieren. Bei der klassischen Prusiktechnik läßt man allerdings die Verbindung der langen Schlinge mit dem Gurt normalerweise weg, so daß die Sicherung nur über den Kurzprusik besteht. Für die Längen der einzelnen Schlingen gelten die obengenannten Kriterien.

Alternativ zu dieser Technik kann man auch eine andere Prusikmethode anwenden, die einen größeren Hub pro Bewegungssequenz gestattet. Man benötigt dafür eine etwa armlange und eine etwa beinlange Prusikschlinge. Die armlange Prusikschlinge wird oben ins Seil geknüpft und mit Verschlußkarabiner am Anseilpunkt befestigt.

Es existieren mehrere Methoden; eine davon, sie ist ökonomisch und sicher, wird im folgenden beschrieben:

- Man versieht die erste der beiden Steigklemmen mit zwei Bandschlingen. Diese werden entweder direkt in die Steigklemme eingeknotet oder mittels eines Schraubkarabiners eingehängt.
- Die Länge der ersten Bandschlinge muß so bemessen sein, daß man die Steigklemme bei maximal angehobenem Fuß gerade bis zur vollen Armstreckung nach oben

Technisches Klettern

Die beinlange Prusikschlinge wird darunter eingeknüpft und dient als Trittschlinge, in die man mit einem Fuß oder mit beiden Füßen hineinsteigt.

Zur Fortbewegung werden die Füße gehoben und die untere Prusikschlinge maximal nach oben verschoben. Anschließend richtet man sich in dieser Schlinge auf, stabilisiert sich einarmig am Seil und schiebt mit der anderen Hand den Selbstsicherungsprusik weiter.

Hat man einen Prusik und eine Steigklemme, so ist die Klemme unter dem Prusikknoten einzusetzen. Der Prusikknoten läßt sich nämlich am gespannten Seil wesentlich leichter weiterschieben als am ungespannten. Für die Steigklemme spielt dieser Unterschied keine so wesentliche Rolle.

Aufziehen des Haul bags

Je nach Gewicht des Nachziehsacks stehen mehrere Möglichkeiten zur Verfügung:
- Hand über Hand
- mit Rücklaufsperre
- mit Flaschenzug

Hand über Hand:
Die schnellste Methode, einen leichten Sack nachzuziehen, ist Hand über Hand. Man muß nicht lange basteln und spart vor allem die bei den anderen Systemen auftretende Reibung ein. Allerdings kann die stereotype Bizepsbelastung schneller als erwartet zu unliebsamen Ermüdungserscheinungen (Krämpfen) führen.

Hand über Hand mit Umlenkung hat den Vorteil, daß eine Hand aufwärts und die andere abwärts zieht. Durch Wechseln der Arme erfolgt eine günstige Verteilung der Arbeit auf mehrere Muskelgruppen. Auch erleichtert die Reibung im Umlenkkarabiner das zwischenzeitliche Halten des Sacks.

Mit Rücklaufsperre:
Als Rücklaufsperre kann die Magic Plate benützt werden. Sie weist aber relativ viel Reibung auf, so daß der Sack fast überwiegend durch Zug am Lastseil gehoben wird. Für schwerere Säcke empfiehlt sich deshalb eine reibungsarme Rücklaufsperre, die mit Seilrolle und Steigklemme in der unten dargestellten Art aufzubauen ist. Von Bedeutung ist hierbei der HMS-Karabiner. Die Klemme kann sonst nicht genügend weit seitlich ausweichen, um der Seilrolle ihre Position in Belastungsrichtung zu ermöglichen.

Bei schweren Nachziehsäcken ist die zuletzt dargestellte Rücklaufsperre obligatorisch. Man »hault« den Sack am besten, indem man eine lange Selbstsicherung (bis ca. 5 m) baut und sich mittels einer weiteren Steigklemme am umgelenkten Seil einklinkt. So kann man das volle Körpergewicht zum Ziehen nützen, wobei die Kraft noch durch zusätzlichen Hub der Arme am Lastseil unterstützt wird.

Mit Flaschenzug:
Für extrem schwere Nachziehsäcke kommt auch ein reibungsarmer Flaschenzug in Frage. Es dürfte in einem solchen Fall aber ökonomischer sein, mit zwei leichteren Säcken zu operieren.

Rücklaufsperre mittels Seilrolle und Steigklemme in HMS-Karabiner

SICHERUNGSTECHNIK

Praxistips:
- Der Nachziehsack kann hängenbleiben. Geschieht dies, so versucht man ihn durch ruckhafte Aufundabbewegungen in Schwingung zu versetzen und anschließend eine auswärts gerichtete Schwingphase zum raschen Hub über die Hindernisstelle zu nützen. Sollte das nicht gelingen und sich der Sack wirklich unlösbar festziehen, so muß sich der Seilzweite an den Ort des Geschehens begeben und den Sack selbst über die Stelle bugsieren.
- Verwendet man die Nachziehtechnik in diagonalen Seillängen oder Querungen, so sollte man den Sack nicht am Ende des Hilfsseils einbinden, sondern so weit oben wie möglich. Das Restseil ermöglicht es dem Seilzweiten dann, den Sack langsam in die Fallinie einpendeln zu lassen. Dadurch verhindert man, daß der Sack unsanft gegen die Wand prallt.
- Müssen bei der Technik mit Nachziehsack leichtere Seillängen überwunden werden, so ist es ratsam, den Sack in einen Rucksack umzubauen. Ansonsten wird er mit großer Wahrscheinlichkeit häufig hängenbleiben. Außerdem kann er Steinschlag auslösen.

SPORTKLETTERN

Die folgenden Abschnitte behandeln wichtige, für das Sportklettern in alpinen Sportkletterrouten, im Klettergarten und an künstlichen Kletteranlagen notwendige Sicherungstechniken.

Mit »alpinen Sportkletterrouten« ist hier gemeint, daß mehrere Seillängen hintereinander bei guter Sicherung in alpinem Gelände geklettert werden.

Nicht behandelt dagegen sind speziell beim Sportklettern angewandte Sicherungspraktiken, da sie den Rahmen dieses Buches sprengen würden.

Alle diese besonderen Techniken sind übersichtlich in dem Lehrbuch »Sportklettern – Klettertechnik und Sicherungspraxis« von MICHAEL HOFFMANN (Odyssee-Alpinverlag) dargestellt.

Anseilen nur mit Hüftgurt

Dem Alpinkletterer wird die Anseilmethode mit Hüft- und Brustgurt empfohlen. Die Schwerpunktverlagerung durch den Rucksack, die Gefahr von Stürzen, die wegen Griff- oder Hakenausbruchs unkontrolliert verlaufen, und die Gefahr von Blitz- oder Steinschlag mit nachfolgendem Absturzrisiko sind zu gewichtige Argumente, als daß man auf den Brustgurt verzichten könnte.

Anders verhält es sich im Klettergarten. Hier wird seit Jahren nur mit Hüftgurt geklettert, ohne daß die befürchteten Wirbelsäulenverletzungen aufgetreten wären. Es ist also nicht erforderlich, den Brustgurt generell vorzuschreiben. Der Verzicht auf den Brustgurt muß aber an einige persönlichkeits- und geländebedingte Merkmale geknüpft werden, die gegeben sein müssen.

Diese sind:
- Der Kletterer ist ohne Rucksack unterwegs.
- Der Kletterer beherrscht die Technik des Stürzens.
- Die Route weist verläßliche Fixpunkte auf.
- Die Felsqualität ist gut (kein Griff- oder Trittausbruch).
- Das Gelände ist sturzfreundlich.
- Weite Stürze sind nicht zu erwarten.

Liegen diese Bedingungen vor, so kann im Klettergarten auf den Brustgurt verzichtet werden.

An künstlichen Kletteranlagen sind die Risiken gegenüber dem Naturfels nochmals reduziert, insbesondere im Zusammenhang mit der neuen CE-Norm. Das Klettergelände ist sozusagen normgemäß sturzfreundlich. Aus diesem Grunde kann die Sturztechnik hier noch früher erlernt und somit auch noch früher auf den Brustgurt verzichtet werden.

Vom DAV-Lehrteam für Sportklettern wird deshalb Klettern ohne Brustgurt an künstlichen Kletteranlagen immer dann akzeptiert, wenn sowohl Kletternder als auch Sichernder die Sicherungstechnik beherrschen und kleine »Stürze« von einer Umlenkung oder Zwischensicherung aus kontrollieren können. Dies läßt sich im Rahmen eines Sicherungstrainings ausreichend erlernen.

Sportklettern

Praxistips:
- Falltest durchführen: Kletternder hängt im Seil, Sichernder läßt ihn nach Rücksprache ein Stück durchsacken.
- Sicherungstraining durchführen: Kletternder hält sich auf Höhe der Umlenkung an der Wand fest, Sichernder gibt etwas Schlappseil. Kletternder »stürzt« von der Umlenkung aus.
- Es empfiehlt sich, diese Übungen unter Anleitung eines erfahrenen Kletterlehrers durchzuführen. Weiches Sichern und die korrekte Sturzhaltung sind wichtige Techniken, die in der Praxis oft falsch gemacht werden.

Das Anseilen nur mit dem Hüftgurt erfolgt mit einem Sackstich und einem zusätzlichen Sicherungsschlag.

Für fortgeschrittene Kletterer eignet sich als Anseilknoten besonders der doppelte Bulin, der nach Belastung leicht wieder zu öffnen ist. Der doppelte Bulin wurde vom DAV-Sicherheitskreis getestet und wird vom Lehrteam für Sportklettern vermittelt und empfohlen.

Anseilen nur mit Hüftgurt, Sackstich mit Sicherungsschlag

Anseilen nur mit Hüftgurt, doppelter Bulin

Das taktische Sicherungskonzept

Das taktische Sicherungskonzept besagt, daß man an seine Leistungsgrenze nur herangehen darf, wenn ein auftretender Sturz unproblematisch verläuft.

Befindet man sich weit oberhalb der letzten Zwischensicherung, muß man immer mit so viel Sicherheitsreserve klettern, daß man notfalls bis zum sogenannten kritischen Punkt zurückklettern kann. Beim kritischen Punkt handelt es sich nach WOLFGANG GÜLLICH um die Stelle, an bzw. unterhalb der man einen Sturz kontrollieren kann, also die Möglichkeit besteht abzuspringen.

Praxistips:
- In klassischen alpinen Routen mit alten Haken sollte man überhaupt keine Stürze riskieren, muß also den kritischen Punkt unmittelbar bei der Zwischensicherung definieren. Die Gefahr, daß der Fixpunkt ausbricht, ist einfach zu groß.
- In alpinen Sportkletterrouten mit guten Sicherungen ist zu bedenken, daß schon ein verstauchter Knöchel zu ernsthaften Rückzugsproblemen führen kann.
- In gut abgesicherten Klettergartenrouten und an künstlichen Kletteranlagen wird der kritische Punkt individuell unterschiedlich mehr oder weniger weit über der letzten Zwischensicherung zu definieren sein.

Körpersicherung

Bisher war nur vom Sichern an Standplätzen die Rede. Davon prinzipiell zu unterscheiden ist das Sichern vom flachen oder mäßig geneigten Boden aus. Diese Situation tritt in künstlichen Kletteranlagen, häufig in Klettergärten und öfter auch am Einstieg von alpinen Routen auf. Am sicheren Boden einen vorschriftsmäßigen Standplatz zu bauen ist Zeitverschwendung und oft auch mangels geeigneter Fixpunkte gar nicht möglich. Anstelle einer Fixpunktsicherung benützt man in solchen Fällen die Körpersicherung.

SICHERUNGSTECHNIK

Körpersicherung bedeutet folgendes:
- Das Bremsgerät wird im Sicherungsring des Hüftgurts eingehängt.
- Der Sichernde muß einen erheblichen Sturzzug mit dem eigenen Körper abfangen. Deshalb eignet sich diese Technik nur, wenn der Sturzzug steiler als ca. 60–70° nach oben erfolgt.
- Gleichzeitig bedeutet Körpersicherung, daß man das Hochgezogenwerden im Sturzfall kontrollieren können muß und keinesfalls das Seil loslassen darf.

Körpersicherung mit Selbstsicherung

Wer mit der Körpersicherung wenig Erfahrung hat, sollte sich grundsätzlich eine Selbstsicherung bauen. Diese hat die Aufgabe, zu vermeiden, daß der Sichernde an der Wand anprallen kann. Die Selbstsicherung sollte aber nicht verhindern, daß es ihn bei Sturzzug ein Stück vom Boden abhebt.

Die ideale Lösung bildet eine etwa horizontal verlaufende, mindestens 2 m lange und von der Wand entfernt angebrachte Selbstsicherung. Als Fixpunkte kommen Bäume, Wurzeln oder Felsblöcke in Frage. Diese müssen auch nicht den Anforderungen an einen Standplatz genügen, da sie ja keinen Sturz halten, sondern lediglich den Anprall des Sichernden an der Wand verhindern sollen.

Der Sichernde plaziert sich mit nach hinten gespannter Selbstsicherung relativ nahe an der Wand, und zwar genau zwischen seinem Fixpunkt und der ersten vom Vorsteiger benützten Zwischensicherung. Steht er nicht genau zwischen beiden, so wird er im Sturzfall schräg nach oben beschleunigt, was das Halten des Sturzes erschwert.

Körpersicherung ohne Selbstsicherung

Gerade war von der Körpersicherung mit Selbstsicherung die Rede. Beherrscht man diese Technik, so kann man unter bestimmten Voraussetzungen auf die Selbstsicherung verzichten.

Diese sind:
- Der Kletternde ist nicht erheblich schwerer als der Sichernde.
- Im Sturzfall besteht für den Sichernden keine Gefahr, infolge des Sturzzuges unkontrolliert am Fels anzuprallen.
- Der Sturzzug verursacht kein seitliches Wegpendeln des Sichernden.
- Es sind keine Stürze zu Beginn der Route zu erwarten, die eine Kollision von Kletterndem und Sicherndem bedeuten könnten.

Sichern mit Abseilachter

Neben der üblichen Sicherungstechnik mit HMS hat sich bei der Körpersicherung der Achter immer mehr durchgesetzt.

Die Bremswirkung des Achters ist etwas geringer als die der HMS-Sicherung. Bei neuen, glatten Seilen und schweren Vorsteigern ist also eine gewisse Vorsicht geboten.

Um optimale Resultate in puncto Sicherheit und Handling zu erzielen, hängt man den zum Achter gehörenden Verschlußkarabiner nicht im Sicherungsring, sondern in Bauchgurtöse und Beinschlaufensteg ein. Das Seil soll dabei

Aufbau der Selbstsicherung und Position des Sichernden bei der Körpersicherung

Sportklettern

Korrekt eingehängter Achter bei der Körpersicherung

Blockieren der Sicherung

Nach einem Sturz oder wenn der Vorsteiger sich zum Ausruhen ins Seil hängt, kann es notwendig bzw. angenehm sein, die Sicherung zu blockieren. Auch für viele Maßnahmen aus dem Bereich der Bergrettung ist dieses Blockieren erforderlich.

Blockieren der HMS-Sicherung

Die HMS-Sicherung blockiert man mit dem Schleifknoten. Diesen kann man jederzeit auch unter Belastung wieder lösen. Es gibt mehrere Möglichkeiten, den Schleifknoten zu knüpfen. Wichtig ist, daß er letztendlich so aussieht wie abgebildet. Als Hilfestellung für das Knüpfen des Schleifknotens zeigen die beiden Bilder eine praktikable Methode.

Knüpfen des Schleifknotens

beidseitig nach unten aus dem Achter laufen. Um zu verhindern, daß der Achter über den (verschlossenen!) Schnapper rutscht, benützt man einen Plastikeinsatz in der kleinen Öse des Achters oder einen etwas stabileren Gummi, mit dem man den Achter am schmalen Ende des Verschlußkarabiners fixiert.

Im Gegensatz zur HMS-Sicherung ist bei der Körpersicherung mit Achter das Bremsseil nach unten zu halten. Die Motorik beim Seileinnehmen und Seilausgeben ist also anders als bei der HMS-Sicherung. Dies ist besonders zu beachten, wenn man von der HMS-Sicherung auf das Sichern mit Achter umsteigt.

Praxistips:
- Seil ausgeben: Die Bremshand lockert nur etwas den Griff ums Seil (nicht loslassen!), die Führungshand zieht das Seil durch den Achter.
- Darauf achten, daß das am Boden liegende Seil ohne großen Widerstand einlaufen kann.
- Seil einnehmen: Die Bremshand wird kurzzeitig nach oben geführt, um Seil einzuziehen, und geht anschließend sofort wieder nach unten. Jetzt lockert man den Griff ums Seil (Seil dabei nicht aus der Hand geben!) und führt die Hand am Seil entlang zum Achter zurück.
- Viele kleine Einholbewegungen machen. Bei großem Bewegungsumfang ist das Zurückführen der Bremshand am Seil schwierig.

Zur Absicherung kann man entweder die entstandene Schlaufe mit einem Sackstich um das belastete Seil knoten oder die Schlaufe mit einem Karabiner in das Seil einhängen (siehe Abbildungen auf der nächsten Seite).

Blockieren des Achters

Soll der Abseilachter blockiert werden, so klemmt man wie auf S. 72 unten links abgebildet das Bremsseil hinter dem Lastseil ein.

SICHERUNGSTECHNIK

Abbauen mit Ablassen

Routen, die maximal eine halbe Seillänge lang sind und oben eine Metallöse (z. B. Bühlerhaken, Ring, Schäkel) aufweisen, werden normalerweise mittels Ablassen abgebaut. Abbauen bedeutet, daß der Kletterer alles eigene Material aus der Route entfernt.

Dabei wird folgendermaßen vorgegangen:
- Befindet sich oben ein Karabiner, so klinkt man das Seil einfach ein.
- Befindet sich oben eine Metallöse, fixiert man sich mit ein oder zwei Expreßschlingen an der Umlenkung. Anschließend zieht man das Seil ca. 2 m hoch und fixiert es mit Sackstich und einem zusätzlichen Karabiner am Sicherungsring des Gurtes. Man bindet sich aus dem Seil aus, fädelt das Ende durch die Öse und bindet sich wieder ein. Sobald man die Seilfixierung gelöst hat, kann man abgelassen werden.

Oben links: Absichern des Schleifknotens mit Karabiner

Oben rechts: Absichern des Schleifknotens mit Sicherungsschlag

Diese Arretierung kann aber in manchen Fällen (z. B. neues, glattes Seil) immer noch durchrutschen, und außerdem kann sie sich bei kurzer Entlastung des Zugseils auch selbständig lösen. Man darf deshalb bei dieser Methode das Bremsseil nicht aus der Hand geben. Zur Absicherung führt man das eingeklemmte Bremsseil um den Hals des Achters und klemmt es nochmals ab.
Bei Entlastung des Zugseils kann sich aber theoretisch auch diese doppelte Arretierung lösen. Das Bremsseil muß also selbst nach dem doppelten Abklemmen immer noch in der Hand gehalten werden.

Zu Recht weist der DAV-Sicherheitskreis darauf hin, daß die Selbstfixierung mit Expreßschlingen allein keine ausreichende Sicherheit bietet. Die beschriebene Abbaumethode ist deshalb immer mit der Seilfixierung am Sicherungsring durchzuführen. Diese sorgt dafür, daß der Abbauende »nur« in die letzte Zwischensicherung stürzt, falls sich die Expreßschlinge aushängen sollte.

Unten links: Achter blockiert

Unten rechts: Achter doppelt abgeklemmt

Sportklettern

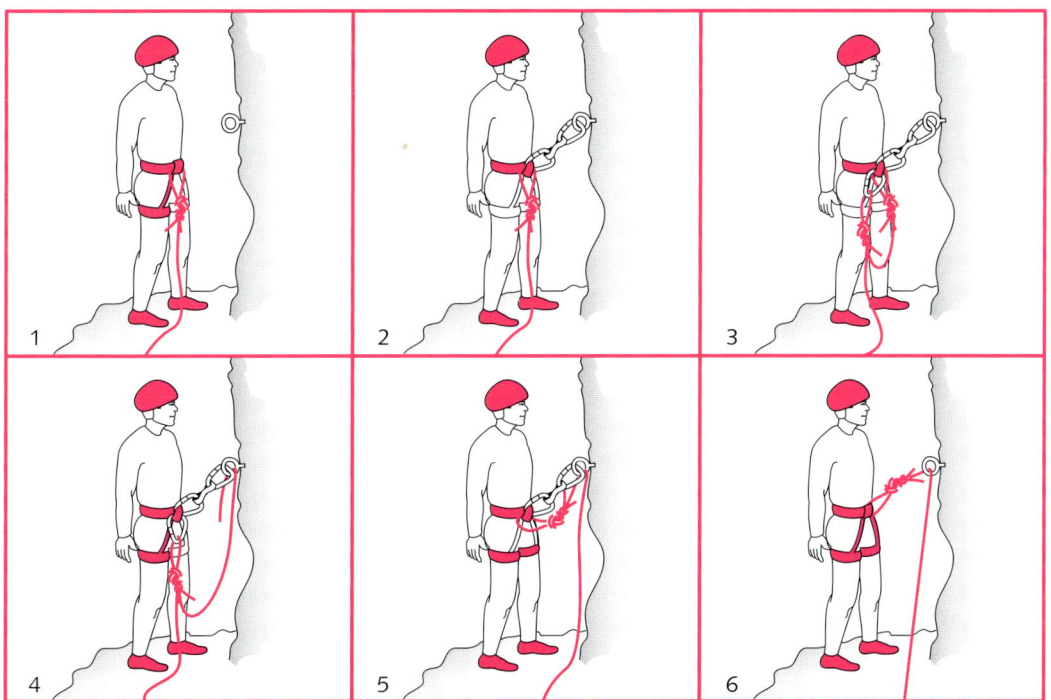

Fädeln mit Seilfixierung am Sicherungsring des Hüftgurtes

Praxistips:
- Die Selbstfixierung soll nicht entlastet werden, sondern während des gesamten Vorgangs auf Spannung bleiben.
- Der Sichernde beläßt den Abbauenden in der Sicherung.
- Die Seilfixierung ist im Sicherungsring des Gurtes einzuhängen, nicht in einer Materialschlaufe.

Während des weiteren Abbauvorgangs empfiehlt es sich bei schrägen oder überhängenden Routen, eine Expreßschlinge am Gurt und im gegenläufigen Seil einzuklinken. Sie sorgt dafür, daß man die zu entfernenden Zwischensicherungen auch wirklich erreicht.
Man entfernt diese Expreßschlinge vor dem Aushängen der untersten Zwischensicherung, damit der Sicherungspartner nicht aus dem Stand gerissen wird.

Abbauen mit Abseilen

Befindet sich an der Umlenkung lediglich eine Schlinge oder eine für das Ablassen ungeeignete Bohrhakenlasche, so muß man das Abbauen durch Abseilen bewerkstelligen. Auch im Sandstein empfiehlt sich diese Technik, um Seil und Fels zu schonen.
Beim Abseilen sollte die Selbstsicherung mit Ankerstichschlinge und Verschlußkarabiner gebaut werden. Die Möglichkeit einer zusätzlichen Sicherung durch den Partner besteht hier nicht.
Auf die beim Abseilen empfohlene Prusiksicherung kann verzichtet werden, wenn der Kletterpartner die herabhängenden Seile in die Hand nimmt und zugbereit festhält. Durch Zug kann er jetzt den Abseilenden jederzeit stoppen (Zugsicherung). Diese Methode ist insbesondere für künstliche Kletteranlagen empfehlenswert.

Weiches Sichern

Ein kontrollierter Sturz sollte weich gehalten werden, sofern der zusätzliche Bremsweg keinen Aufschlag auf dem Boden oder auf einem Absatz verursacht.
Bei der üblicherweise in Klettergärten angewendeten Körpersicherung ergeben sich Bremskräfte, die für das weiche Halten von Stürzen geeignet sind. Dabei ist es nicht wesentlich, ob mit HMS oder Achter gesichert

SICHERUNGSTECHNIK

Körpersicherung am Stand mit langer Selbstsicherung und am Stand eingehängtem Sicherungsseil

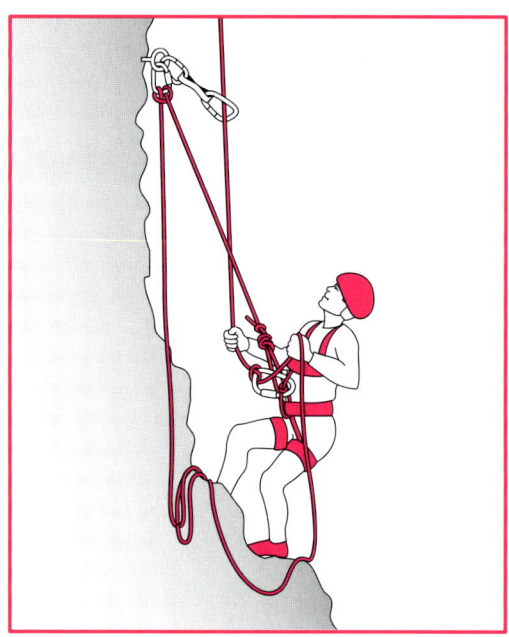

wird. Die »Weichheit« entsteht in beiden Fällen dadurch, daß der Sichernde ein Stück hochgezogen wird.

Hierbei sind zwei Punkte von wesentlicher Bedeutung:
- das Verhalten des Sichernden während des Fangstoßes
- der Gewichtsunterschied zwischen dem Kletternden und dem Sichernden

Bei etwa gleichem Gewicht beider Kletterer ist ein gewisses Abfedern des Sichernden sinnvoll, um den Sturz weich zu halten. Bei einem schwereren Sicherungspartner ist ein verstärktes Abfedern oder ein kontrollierter Seildurchlauf empfehlenswert. Bei einem leichteren Sicherungspartner wird ein Sturz ohne weiteres Zutun des Sichernden weich gehalten; gegebenenfalls Selbstsicherung verwenden.

Weiches Sichern vom Standplatz aus

An Standplätzen normaler Bauart über den Körper zu sichern ist in vielen Fällen nicht empfehlenswert. Bei seitlichem Sturzzug wird man zwingend aus dem Gleichgewicht ge-

Zentralpunktsicherung mit Achter

rissen und prallt mit hoher Wahrscheinlichkeit am Fels an. Bei senkrechtem Sturzzug wird man nach oben beschleunigt und von der Selbstsicherung kreisförmig in Richtung Fels gezogen, so daß ebenfalls die Möglichkeit eines Anpralls besteht. Bei Sturzzug nach unten bekommt der Sichernde zunächst die ganze Sturzenergie ab und ist anschließend in seiner Bewegungs- und Handlungsfähigkeit eingeschränkt.

Trotzdem kann die Körpersicherung an Standplätzen angewendet werden, wenn man den Aufbau des Stands etwas modifiziert. Man verlängert die Selbstsicherung auf ca. 2–3 m, so daß man sich um diese Distanz unterhalb des Standplatzes befindet. Das Gelände muß dabei so beschaffen sein, daß man nach dieser Aktion weder frei in der Luft hängt noch zu weit versetzt zum Standplatz steht. Die Selbstsicherung sollte nicht flacher als ca. 70° verlaufen. Als weitere Änderung wird das Sicherungsseil mit Expreßschlinge oder Karabiner im Zentralpunkt eingehängt, so daß dieser quasi die erste Zwischensicherung bildet.

Bei korrekter Ausführung der beschriebenen Veränderungen des Standplatzes ist gewährleistet, daß der Sturzzug nach oben erfolgt und daß der Sichernde genügend weit hochgezogen werden kann, ohne am Fels anzuprallen.

74

Sportklettern

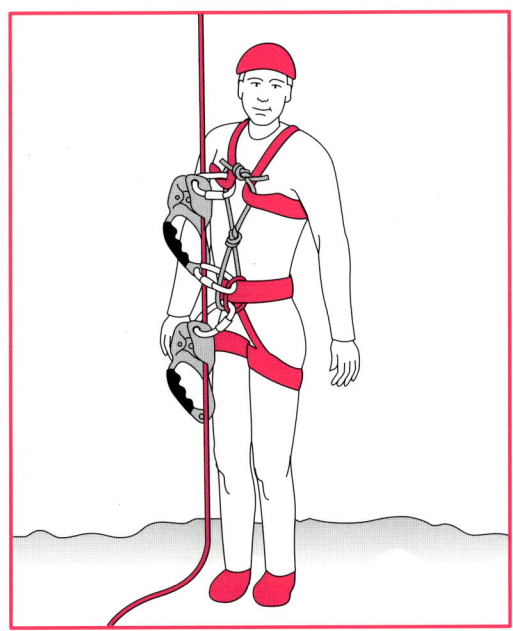

Diese Technik wird in alpinen Sportkletterrouten und im Elbsandstein häufig angewendet. Beherrschung der Körpersicherung und Erfahrung mit dem Halten von Stürzen sind allerdings unverzichtbare Bedingungen.
Alternativ dazu besteht unter gewissen Voraussetzungen die Möglichkeit, mit dem Achter direkt über den Zentralpunkt zu sichern. Die Durchlaufwerte des Achters liegen mit rund 200 kp (2kN) unter denen der HMS-Sicherung, so daß der Sturz weicher abgefangen wird. Bei dieser Methode muß man sich allerdings darüber im klaren sein, daß ein Sturz vor der ersten Zwischensicherung bzw. nach Ausbruch derselben schwierig zu halten ist. Dies beruht auf der bei gegenläufig paralleler Seilführung reduzierten Bremswirkung des Achters. Die Methode kommt deshalb nur in Frage, wenn unmittelbar über dem Stand eine verläßliche Zwischensicherung existiert.

Praxistips:
- Sichern eines Vorsteigers mit Achter am Zentralpunkt nur, wenn unmittelbar über dem Stand eine verläßliche Zwischensicherung folgt.
- Kein Nachsichern mit Achter vom Stand aus.
- Der Achter muß zum Sichern unverdreht am Zentralpunkt eingehängt sein.

Selbstsicherung mit Steigklemmen

Hat man keinen sichernden Partner, besteht die Möglichkeit, sich mit Steigklemmen an einem am Ausstieg als Einzelstrang fixierten Seil selbst zu sichern. Das Seil sollte dabei möglichst senkrecht nach unten hängen und knapp über dem Boden etwas beschwert werden, damit die Klemmen gut laufen.
In der Vergangenheit kam es aus diversen Gründen wiederholt zum Versagen einer Steigklemme. Der DAV-Sicherheitskreis empfiehlt deshalb, zur Selbstsicherung zwei Klemmen zu benützen.

Man befestigt sie folgendermaßen am Klettergurt:
- Die untere Klemme wird mit Verschlußkarabiner im Sicherungsring des Hüftgurts eingehängt. Der Verschlußkarabiner wird dabei oben in die Klemme eingeklinkt, der Schnappmechanismus zeigt vom Körper weg.
- Analog zur unteren Klemme befestigt man die obere am Brustgurt. Um eine unverdrehte Karabinerstellung zu erhalten, hängt man sie lediglich in eine der beiden Ösen des Brustgurts ein. Zusätzlich verbindet man die Klemme unter Zuhilfenahme ihrer unteren Bohrung und eines weiteren Verschlußkarabiners mit dem Sicherungsring des Hüftgurts.

Bei dieser Methode wird ein Sturz bzw. ein Hängen im Seil von der oberen Steigklemme gehalten, während die untere unbelastet bleibt.
Nur im Falle eines Versagens der oberen greift die untere Klemme und hält den Kletterer nach einem zusätzlichen Durchsacken von etwa 20 cm.
Es besteht auch die Möglichkeit, lediglich die obere oder die untere Klemme als alleinige Sicherung zu benützen.
Die Einhängemethode bleibt dabei jeweils dieselbe. Wegen bereits aufgetretener Unfälle kann die Selbstsicherung mit nur einer Steigklemme jedoch nicht uneingeschränkt empfohlen werden.

Korrekte Selbstsicherung mit zwei Steigklemmen

Theoretische Grundlagen

THEORETISCHE GRUNDLAGEN

Bouldern

Nachdem in den beiden vorhergehenden Kapiteln die Bewegungstechnik sowie die Sicherungstechnik des Felskletterns und des Sportkletterns behandelt wurden, sollen im folgenden die notwendigen theoretischen Grundlagen zur Sicherheit vermittelt werden. Gemäß der Grundkonzeption der neuen Lehrplanreihe geht es hier jedoch nicht darum, detailliertes theoretisches Fachwissen aufzubereiten, sondern vielmehr darum, praxisorientierte Kenntnisse weiterzugeben, die zum einen für die Sicherheit beim Fels- und Sportklettern notwendig sind, zum anderen den Erlebniswert jeder Klettertour entscheidend steigern können.

SPIELFORMEN DES FELSKLETTERNS UND SPORTKLETTERNS

Das Felsklettern wie auch das Sportklettern sind als Überbegriffe Einzeldisziplinen des Alpinismus, die jedoch in sich noch feiner differenziert werden können. Zudem sollten auch die unterschiedlichen Rahmenbedingungen berücksichtigt werden, wenn etwa Kletterleistungen miteinander verglichen werden. Die wichtigsten Spielformen des Fels- und Sportkletterns sind:

Felsklettern

Grundsätzlich ist unter dem Felsklettern das klassische Freiklettern oder überwiegende Freiklettern mit kurzen Passagen technischer Kletterei zu verstehen, wie es häufig in klassischen Gebirgsrouten anzutreffen ist. Obwohl das Klettern an natürlichen Haltepunkten eindeutig vorherrscht, kann es vorkommen, daß an Einzelstellen die Sicherungskette zur Fortbewegung benützt wird oder Elemente des technischen Kletterns wie Seilzug oder Seilquergänge eingesetzt werden.

Das Felsklettern in den Klettergartengebieten der Mittelgebirge unterscheidet sich grundsätzlich vom Felsklettern im Gebirge und beim außeralpinen Höhenbergsteigen, wo an den Kletterer ungleich höhere Anforderungen in den Bereichen Tourenvorbereitung und -planung, Ausrüstung, Sicherungstechnik, alpine Erfahrung, Orientierung, Routenfindung und konditionelle Beanspruchung gestellt werden.

Sportklettern

Unter Sportklettern versteht man die Fortbewegung nur mit Hilfe der durch den Fels vorgegebenen Haltepunkte, d. h. ohne Belastung der Sicherungskette zwischen Ein- und Ausstieg bzw. zwischen den einzelnen Standplätzen einer Route. Obwohl das Sportklettern prinzipiell unabhängig vom Schwierigkeitsgrad der jeweiligen Kletterei ist, wird es häufig als Freiklettern der extremen Richtung verstanden, das in den oberen Schwierigkeitsbereichen ein entsprechendes, zielgerichtetes Training erfordert. Auch für das Sportklettern gilt die grundsätzliche Differenzierung zwischen den verschiedenen Rahmenbedingungen im Klettergarten, im Gebirge und beim außeralpinen Höhenbergsteigen und zwischen den damit verbundenen veränderten Anforderungen in den jeweiligen Bereichen.

Bouldern

Bouldern ist seilfreies Klettern in Absprunghöhe. Manche Kletterer betrachten das Bouldern als reine Trainingsform für das Sportklettern, für andere hingegen ist das »Ausbouldern von Problemen« Selbstzweck und zugleich Sportklettern in seiner ursprünglichsten Form.

Technisches Klettern

Das technische Klettern hat zwar im alpinen Bereich seit der Zeit des sogenannten Eroberungsalpinismus klar an Bedeutung verloren, doch wird es vor allem in den Big-wall-Routen der amerikanischen Klettergebiete immer noch als Selbstzweck betrieben. Zum anderen kommt das technische Klettern in Routen zum Einsatz, wo Passagen nicht oder noch nicht frei kletterbar sind bzw. die Anforderungen in freier Kletterei das Können eines Erstbegehers oder Wiederholers überfordern.
Grundsätzlich versteht man unter dem technischen Klettern die Fortbewegung an künstlichen Haltepunkten unter Einsatz von Hilfsmitteln wie etwa Trittleitern. Die Schwierigkeit und Gefährlichkeit beim technischen Klettern wird mit einer separaten Bewertungsskala erfaßt, die ansteigend von A0 über A1 bis hin zu A5 reicht.

Wettkampfklettern

Das Wettkampfklettern hat sich aus dem Sportklettern entwickelt und ermöglicht einen objektiven Leistungsvergleich nach einem klar strukturierten Regelwerk. Sportkletterwettkämpfe der heutigen Ausprägung gibt es seit 1985 in nahezu allen Ländern, deren nationale Bergsteiger- bzw. Kletterverbände der UIAA, dem internationalem Bergsteigerverband, angeschlossen sind. Die meisten nationalen und internationalen Kletterwettkämpfe, wie z. B. der UIAA-Sportkletterweltcup, werden als Schwierigkeitswettbewerbe nach der sogenannten On-sight-Regel (siehe nächste Spalte) ausgetragen. Die ebenfalls in den internationalen Wettkampfbestimmungen der UIAA verankerten Geschwindigkeitswettbewerbe sind vorerst nur Bestandteil von Kontinental- und Weltmeisterschaften. Nach den gültigen Wettkampfbestimmungen werden Kletterwettkämpfe heute ausschließlich an künstlichen Kletterwänden ausgetragen.

ETHIK DES FELSKLETTERNS UND SPORTKLETTERNS – BEWERTUNGSSYSTEME

Obwohl es kein verbindliches Regelwerk für das Fels- und Sportklettern gibt, haben sich unter den aktiven Kletterern dennoch international übergreifende Regeln etabliert, die einerseits der objektiven Vergleichbarkeit verschiedener Kletterleistungen in identischen Routen dienen und andererseits die für einen sensiblen Natursport notwendigen Regeln für das Erstbegehen von Routen festlegen.

Regeln zur Vergleichbarkeit von Kletterleistungen

Für das Sportklettern haben sich folgende Bezeichnungen durchgesetzt, die der sportlichen Wertigkeit nach aufgeführt sind:

On sight

Mit on sight bezeichnet man die sturzfreie Begehung einer unbekannten Route im Vorstieg beim ersten Versuch. Der Kletterer darf dabei die Route nur vom Boden aus besichtigen und auch keinen anderen Kletterer bei einem Versuch beobachten.

Flash

Die sturzfreie Begehung einer Route im Vorstieg beim ersten Versuch, nachdem man die Route abseilenderweise besichtigt oder einen anderen Kletterer bei einem Versuch beobachtet hat, wird Flash genannt.

THEORETISCHE GRUNDLAGEN

Rotpunkt

Unter Rotpunkt versteht man die sturzfreie Begehung einer Kletterroute im Vorstieg, bei der alle Zwischensicherungen während des Kletterns angebracht werden. In der Konsequenz bedeutet das, daß nach einem Sturz das Seil wieder abgezogen wird und ein neuerlicher Versuch vom Boden bzw. vom letzten Standplatz aus im Vorstieg erfolgt.

Pinkpoint

Befinden sich vor der Begehung bereits vorbereitete Zwischensicherungen in einer Route bzw. sind die Expreßschlingen eingehängt, so spricht man von Pinkpoint.

Wettkampfklettern

Rotkreis

Wenn ein Kletterer das Seil nach einem Sturz in der letzten eingehängten Zwischensicherung beläßt und anschließend einen neuen Versuch vom Boden bzw. Standplatz aus unternimmt, so nennt man das Rotkreis oder Jo-Jo. Der sportliche Wert einer Rotkreis-Begehung ist allerdings umstritten.

Die folgenden, ebenfalls üblichen Bezeichnungen stehen für Begehungsarten ohne besondere sportliche Bedeutung:

Hangdogging

Mit Hangdogging wird das Weiterklettern nach einem Sturz von der letzten Zwischensicherung aus bezeichnet. Es dient dazu, extrem schwierige Einzelstellen einzuüben.

Rotkreuz

Unter Rotkreuz versteht man das freie Begehen einer Route im Nachstieg. Der Begriff hat sich allerdings nicht durchgesetzt.

A. F.

Mit A. F. (absolutely free) wird das Durchsteigen einer Route mit ein- oder mehrmaligem Ruhen an den Zwischensicherungen bezeichnet (aus sportlicher Sicht unsinnig).

Toprope

Begehung einer Route mit Seilsicherung von oben. Obwohl sportlich von untergeordneter Bedeutung, hat dieser Begehungsstil aus trainingstaktischer und methodischer Sicht einen hohen Stellenwert. Es gibt Routen, die nur toprope möglich sind.

Free solo

Damit ist das spektakuläre seilfreie Durchsteigen von Kletterrouten gemeint, die die Absprunghöhe von Boulderblöcken übersteigen. Eine Free-solo-Begehung einer Route beinhaltet immer das Risiko eines Sturzes mit Verletzungs- oder Todesfolge.

UIAA-Skala	Frankreich	USA	England	Australien	Elbsandstein
V +	5 a	5. 7	4 b		VII a
VI –	5 b	5. 8	4 c		VII b
VI	5 c	5. 9	5 a	E1	
VI +	6 a	5.10 a	5 b		19	VII c
VII –		5.10 b		E2		
VII	6 b	5.10 c	5 c		20	VIII a / VIII b
VII +	6 c	5.10 d		E 3	21	
VIII –		5.11 a			22	VIII c
VIII	7 a	5.11 b	6 a		23	IX a
		5.11 c		E 4	24	IX b
VIII +	7 b	5.11 d			25	IX c
IX –		5.12 a	6 b		26	X a
		5.12 b		E 5		
IX	7 c	5.12 c			27	
IX +		5.12 d	6 c		28	
	8 a	5.13 a		E 6		
X –		5.13 b			29	X b
		5.13 c			30	
X	8 b	5.13 d	7 a		31	
X +		5.14 a			32	
				E 7		X c
XI –	8 c	5.14 b			33	
XI	9 a	5.14 c	7 b			
		5.14 d				

Unterschiedliche Bewertungssysteme im Vergleich

Regeln für das Erstbegehen von Kletterrouten

Das Erstbegehen von Kletterrouten sollte zum einen die Belange des Naturschutzes (siehe S. 113), zum anderen folgende sportlichen Regeln berücksichtigen:
- Die Felsstruktur muß in ihrem ursprünglichen Zustand erhalten bleiben, d. h., es dürfen weder Griffe noch Tritte verändert, geschlagen oder neu angebracht werden.
- Das Einrichten einer Kletterroute sollte im Gebirge in jedem Fall von unten erfolgen, d. h., alle Fixpunkte werden während des Kletterns angebracht.
- Im Klettergarten kann das Einrichten einer Route auch abseilenderweise von oben erfolgen.

Bewertungssysteme

Die unterschiedlichen Bewertungssysteme beziehen sich auf die Schwierigkeit einer Kletterroute nach der Rotpunktregel. Ausnahmen stellen die eigenständigen Bewertungssysteme in England und im Elbsandstein dar.

Der englische Grad bezeichnet die schwerste Stelle einer Seillänge bzw. einer Route. Für die physische und psychische Gesamtanforderung wird eine Zusatzbewertung angegeben, die sich von E1 (gut gesichert, wenig anstrengend) bis E7 (extrem gefährlich, äußerst anstrengend) erstreckt. Im Bewertungssystem des Elbsandsteingebirges ist ein Rasten an den zuverlässigen, aber spärlich gesetzten Ringen mit eingerechnet. Für Durchstiege ohne Rasten an den Ringen wird deshalb häufig eine höhere Zusatzbewertung angegeben.

AUSRÜSTUNG FÜR DAS FELS- UND SPORTKLETTERN

Für das Fels- und Sportklettern ist eine umfassende Ausrüstung notwendig, die zum einen aus der allgemeinen Ausrüstung mit funktioneller Bekleidung und dem sonstigen Zubehör und zum anderen aus der alpintechnischen, also der speziellen Kletterausrüstung besteht. Im folgenden sollen ausschließlich die spezielle Kletterausrüstung und einige weitere wichtige Ausrüstungsteile beschrieben werden.

THEORETISCHE GRUNDLAGEN

Beschreibungen von Bekleidung und dem sonstigen Ausrüstungszubehör sowie weiterführende Informationen zur alpintechnischen Ausrüstung sind im Alpin-Lehrplan »Ausrüstung – Sicherung – Sicherheit« enthalten.

Die alpintechnische Ausrüstung muß als Merkmal der Qualitätssicherung über das DIN-Zeichen und/oder das UIAA-Gütesiegel verfügen. In Zukunft werden die DIN- und UIAA-Normen schrittweise von den Euro-Normen abgelöst. Das CE-Zeichen ersetzt dann das DIN-Zeichen bzw. das UIAA-Gütesiegel.

Seile

Das Seil hat innerhalb der speziellen Kletterausrüstung zentrale Bedeutung und muß folgende Eigenschaften in sich vereinen:
- Es muß eine ausreichende Reißfestigkeit haben, um alle auftretenden Stürze halten zu können.
- Durch die Fangstoßdehnung müssen die dabei entstehenden Kräfte einerseits auf das körperverträgliche Maß reduziert werden, andererseits darf die Sturzstrecke nicht unnötig verlängert werden.
- Gute Knotbarkeit, Widerstandsfähigkeit gegen Abrieb und weitestgehende Krangelfreiheit müssen gegeben sein.

Darüber hinaus ist besonders für das alpine Fels- und Sportklettern im Gebirge eine Seilimprägnierung zu empfehlen, die den Seilmantel vor zu hoher Wasseraufnahme schützt.

Seiltypen

Das Einfachseil findet vor allem beim Sportklettern im oberen Schwierigkeitsbereich Anwendung. Darüber hinaus eignet es sich für das Fels- und Sportklettern in den Klettergärten der Mittelgebirge.

Das Halbseil wird teilweise noch beim technischen Klettern in der sogenannten Doppelseiltechnik verwendet. Wesentlich häufiger kommt jedoch, vor allem beim alpinen Fels- und Sportklettern im Gebirge, das Zwillingsseil zum Einsatz.

Bei der Zwillingsseiltechnik werden beide Seilstränge wie ein Einfachseil gehandhabt, woraus sich die folgenden Vorteile ergeben:
- Das Zwillingsseil verfügt über höhere Sicherheitsreserven bei Steinschlag und Stürzen über scharfe Felskanten.
- Bei einem eventuell notwendigen Rückzug steht die volle Abseillänge zur Verfügung.

Rechts: Zwillingsseil

Einfachseil

Seillänge

Für das Einfachseil hat sich eine Seillänge von 50–60 m beim Fels- und Sportklettern im Klettergarten bewährt, da man damit auch höhere Routen für das Klettern mit Umlenksicherung einrichten kann.

Bei der Verwendung von Einfach- oder Zwillingsseilen im Gebirge ist aus Gewichtsgründen eine Länge von 50–55 m empfehlenswert. Die alten Standardseillängen von 40–45 m sind für das alpine Fels- und Sportklettern überholt, da viele moderne Gebirgsrouten in Seillängen von ca. 50 m eingerichtet sind.

Lebensdauer

Die Lebensdauer von Einfach-, Halb- oder Zwillingsseilen ist fast ausschließlich von der Gebrauchsdauer abhängig. Neuere Untersuchungen des DAV-Sicherheitskreises haben ergeben, daß die Lebensdauer eines Seiles, vorausgesetzt es weist keine Beschädigungen auf bzw. wird nicht über scharfe Kanten belastet, weit über den bisher bekannten Angaben liegt.

Auf jeden Fall aussondern sollte man ein Seil, wenn folgende Beschädigungen auftreten:
- Verletzung des Mantels und/oder des Kerns, z. B. durch Steinschlag
- starke Abscheuerung bzw. starker Verschleiß des Mantels
- mehrere Stürze
- Kontakt mit Säure (z. B. Autobatterie)

Oben links: Verschiedene Bandschlingentypen

Oben rechts: Expreßschlingen

Schlingenmaterial

Expreß- und Bandschlingen optimieren den Seilverlauf und sind für den Standplatzbau unentbehrlich. Die Kennfäden, die bei Meterware in einer Kontrastfarbe in Bandmitte angebracht sind, geben Aufschluß über die nach Norm festgelegte Mindestreißkraft. So bedeutet beispielsweise ein Kennfaden, daß das Bandmaterial über 5 kN Mindestreißkraft verfügt, vier Kennfäden weisen eine Mindestreißkraft von 20 kN aus. Zusammengenähte Expreß- und Bandschlingen gibt es in Ringform als offene Schlinge in unterschiedlichen Längen für verschiedenste Anwendungsbereiche und als auch in der Mitte zusammengenähte Expreßschlinge, die in unterschiedlichen Längen als Zwischensicherung verwendet wird (Mindestbruchkraft 22 kN).

Schlingenmaterial aus geknoteter Reepschnur wird wegen der geringeren Kantenfestigkeit und den durchwegs geringeren Werten in der Mindestreißkraft nur noch für spezielle Einsatzzwecke, wie z. B. bei der behelfsmäßigen Bergrettung, verwendet. Kevlar-Reepschnüre haben wesentlich mehr Reißfestigkeit als Polyamidmaterial und eine hohe Kantenfestigkeit; sie sind zudem steifer und damit besonders zum Fädeln von Sanduhren geeignet.

Anseilgurte

Im Bergsportfachhandel sind verschiedene Anseilgurte erhältlich:
- Brustgurt
- konventioneller Sitzgurt
- Hüftgurt
- Kombigurt

In der Praxis des Fels- und Sportkletterns haben sich vor allem Brustgurt und Hüftgurt bewährt, die mit dem Achterband verbunden werden (siehe S. 44). Beim Sportklettern kann der Hüftgurt unter bestimmten Voraussetzungen auch allein verwendet werden (siehe S. 68).

Brustgurt

Brustgurte sind entweder in Achterform oder in Normalform erhältlich. Der Brustgurt hat lediglich die Funktion, den Körper beim Stürzen und/oder Hängen vor einem Abkippen nach hinten oder zur Seite zu bewahren – er muß also in der Praxis keine großen Kräfte auffangen. Aufgrund des geringeren Gewichts kann die Achterform empfohlen werden.

THEORETISCHE GRUNDLAGEN

Hüftgurt

Die in einer vielfältigen Auswahl erhältlichen Hüftgurte sind den herkömmlichen Sitzgurten aus folgenden Gründen überlegen:

- Der bei einem Sturz auftretende Fangstoß wird vor allem auf die Oberschenkel übertragen und nicht, wie beim konventionellen Sitzgurt, auf das Becken. Dadurch erfolgt ein automatisches Anhocken der Beine, der Körper wird in eine ideale Sitzposition gebracht. Die Fangstoßübertragung auf das Becken sowie die Übertragung des Körpergewichts beim freien Hängen bergen die Gefahr einer zu großen Wirbelsäulenbelastung durch ein übertriebenes Hohlkreuz (Lordose).
- Der Hüftgurt vermeidet im Gegensatz zum konventionellen Sitzgurt eine Druckbelastung empfindlicher Körperregionen wie der Leistengegend.
- Der Hüftgurt bietet mehr Tragekomfort und sitzt am Körper, ohne zu verrutschen.
- Im Gegensatz zum konventionellen Sitzgurt verfügt er über genügend Materialschlaufen, an denen verschiedene Ausrüstungsteile übersichtlich verstaut werden können.

Rechts: Funktioneller Kletterhelm

Verschiedene Hüftgurtmodelle

Kletterhelm

Ein Kletterhelm sollte sowohl im Gebirge als auch im Klettergarten getragen werden, da er den Kopf nicht nur vor Steinschlag, sondern auch vor dem bei Stürzen möglichen Aufprall an der Wand schützt. Die Normen legen ein sogenanntes Mindestenergieaufnahmevermögen fest, um Kopf und Halswirbelsäule vor Gewalteinwirkungen zu schützen. Die besten Helmmodelle erreichen dabei Werte, die dem Aufprall eines 1 kp schweren Steins aus 15 m Höhe entsprechen.

Das Energieaufnahmevermögen kann durch individuelle Veränderungen am Kletterhelm beeinträchtigt werden.

Klemmkeile und Klemmgeräte

Klemmkeile und -geräte werden sowohl als Zwischensicherungen als auch zur Verbesserung von ungenügend abgesicherten Standplätzen verwendet. Mit den hier beschriebenen Klemmkeilen und den sogenannten Friends können nahezu alle in der Praxis auftretenden Anwendungsmöglichkeiten abgedeckt werden. Eine Übersicht über alle am Markt befindlichen Klemmkeil- und Klemmgerätetypen gibt der Alpin-Lehrplan »Ausrüstung – Sicherung – Sicherheit«.

Ausrüstung für das Fels- und Sportklettern

Rocks

Beim Rock handelt es sich um einen doppelkonischen, leicht gekrümmten Drahtkabelstopper, der für sämtliche Gesteinsarten geeignet ist. Bei richtiger Anwendung erreicht er Festigkeitswerte, die gut geschlagenen Haken gleichen können. Ein lückenloser Satz garantiert einen breiten Anwendungsbereich. Gute Drahtkabelstopper werden von verschiedenen Herstellern angeboten.

Friends

Unter den vielfältigen Klemmgeräten sind der Friend sowie weitere nach demselben Prinzip arbeitende Klemmgeräte am universellsten einsetzbar. Mit den sieben Größen von 1 bis 4 können Rißbreiten von 15 bis 95 mm abgesichert werden. Die ebenfalls erhältlichen Friends mit flexiblem Belastungskabel in sechs verschiedenen Größen sind besonders für horizontale Risse und Felslöcher geeignet. Bei richtiger Plazierung kann der Friend ein zuverlässiges Sicherungsmittel sein.

Eine wertvolle Hilfe beim Entfernen von Klemmkeilen, die sich nicht mehr lösen lassen, oder von Friends, die durch die Seilbewegung in den Riß hineingewandert sind, stellt ein Klemmkeilentferner dar.

Felshaken, Bohrhaken und Felshammer

Trotz der fortschrittlichsten Klemmkeile und -geräte bleiben Fels- und Bohrhaken unverzichtbare Sicherungsmittel.

Felshaken

Beim Fels- und Sportklettern im Gebirge kann es vorkommen, daß Haken an den Standplätzen fehlen und diese auch mit Klemmkeilen nicht abgesichert werden können. Haken werden außerdem bei Rückzügen und im Bereich der behelfsmäßigen Bergrettung benötigt.

Felshaken werden aus Hart- und Weichstahl gefertigt, wobei Hartstahlhaken höhere Festigkeitswerte erreichen. Je nach Form und Einsatzbereich wird zwischen Längshaken, Querhaken, Universalhaken, Ringhaken, Spachtelhaken, Winkelhaken, Profilhaken, Bongs und Spezialhaken für das technische Klettern differenziert. Je nach Gesteinsart und Routencharakter empfiehlt sich die Mitnahme eines Sortiments aus verschiedenen Hakentypen unterschiedlicher Längen.

Rocks

Flexible Friends

Sortiment verschiedener Hart- und Weichstahlhaken

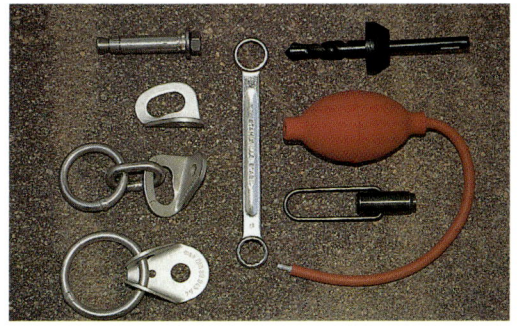

Bohrhakensystem

85

THEORETISCHE GRUNDLAGEN

Bohrhaken

Bohrhaken dienen heute überwiegend zur reinen Absicherung von Sportkletterrouten im oberen Schwierigkeitsbereich, wo keine Klemmkeile oder Felshaken untergebracht werden können, bzw. zur Absicherung von Standplätzen im exponierten Felsgelände. Der Bohrhaken ist aber nicht gleichzusetzen mit hundertprozentiger Sicherheit, da die unterschiedlichen Modelle in den Festigkeitswerten teilweise stark differieren.

Besondere Vorsicht ist bei alten Bohrhaken geboten, sofern sie nicht aus Edelstahl gefertigt oder in den Fels eingeklebt sind (vor allem Kronenbohrhaken).

Hervorragende Festigkeitswerte über 30 kN erreichen alle normgerechten Klebehaken.

Felshammer

Der Felshammer wird zum Ein- und Ausschlagen von Felshaken und zum Schlagen von Bohrhaken benötigt. Er sollte einen ummantelten Stahlschaft oder einen Kunststoffschaft haben.

Karabiner

Karabiner werden in großer Vielfalt und je nach Einsatzbereich in den unterschiedlichsten Ausführungen angeboten. Nach den Normen müssen sie neben anderen Festigkeitswerten und bestimmten Eigenschaften über eine Mindestbruchkraft in Längsrichtung von 20 kN und in Querrichtung von 6 kN verfügen. Die Festigkeit bei offenem Schnapper muß mindestens 7 kN betragen.

Neueste Untersuchungen weisen bei Karabinern ein erhebliches Sicherheitsrisiko bei seitlicher Biegebelastung, die etwas unpräzise auch als »Knickbelastung« bezeichnet wird, nach. Davon betroffen sind in erster Linie die sogenannten Leichtkarabiner, die einen sehr schlanken Materialquerschnitt aufweisen. Um Unfälle zu vermeiden, müssen aus diesem Grund Situationen, bei denen eine seitliche Biegebelastung auftreten kann, durch beispielsweise das Dazwischenschalten einer Bandschlinge vermieden werden.

Karabinertypen

Je nach Routencharakter und Anzahl der Zwischensicherungen wird eine unterschiedliche Zahl Normalkarabiner in verschiedenen Ausführungen benötigt. Für die Gefährtensicherung kommt ein spezieller birnenförmiger HMS-Karabiner, der zudem über eine Verschlußsicherung verfügen muß, zur Anwendung. Verschlußkarabiner mit Schraub- oder Twistlock-Verschluß werden hauptsächlich beim Standplatzbau, beim Abseilen und bei der behelfsmäßigen Bergrettung verwendet.

Abseilachter

Abseilachter sind aus Aluminium oder Titan gefertigte Bremsgeräte, die zum Abseilen benützt werden. Im Gegensatz zu alternativen Abseiltechniken wird aufgrund ihrer Form eine ideale Dosierung der Bremskraft und eine weitestgehende Schonung des Seils beim Abseilen erreicht. Der Abseilachter kann auch zur Gefährtensicherung (siehe S. 44) und im Bereich der behelfsmäßigen Bergrettung verwendet werden.

Ausrüstung für das Fels- und Sportklettern

Kletterschuhe

Obwohl die Schuhe nicht der alpintechnischen Ausrüstung, sondern der Bekleidung zugerechnet werden, sollen sie wegen ihrer Bedeutung im Bereich der Klettertechniken nachfolgend kurz beschrieben werden. Im wesentlichen unterscheidet man drei unterschiedliche Schuhtypen, deren Eignung für das Fels- und Sportklettern voneinander abweicht.

Steifer Kletter- oder Allroundschuh

Steife Kletter- oder Allroundschuhe verfügen über einen nahezu steifen Sohlenaufbau mit Profilsohle und eignen sich daher nur für den unteren bis mittleren Schwierigkeitsbereich. Das Bewegungsgefühl und die Bewegungsfreiheit im Sprunggelenk ist je nach Modell stark eingeschränkt. Zwar ist das Stehen auf kleinen Leisten und Kanten kraftsparender als mit weicheren Reibungskletterschuhen, doch können Reibungstritte so gut wie gar nicht ausgenützt werden. Mit steifen Kletterschuhen wird meistens frontal angetreten. Trotz der Nachteile beim reinen Felsklettern haben steife Kletter- oder Allroundschuhe wegen ihrer universellen Einsetzbarkeit, z. B. bei Abstiegen im vergletscherten Gelände unter Verwendung von Steigeisen, nicht zu unterschätzende Vorteile.

Mittelharter Kletterschuh

Unter mittelharten Kletterschuhen versteht man flexible Reibungskletterschuhe mit relativ hoher Kantenstabilität. Je nach Modell verfügen sie über einen den Knöchel schützenden hohen Schaft oder über einen niedrigen Schaft, der die volle Bewegungsfreiheit im Sprunggelenk erhält.
Im Gegensatz zu den steifen Kletterschuhen hat dieser Schuhtyp eine profillose Reibungsklettersohle, deren Haftung am Fels selbst das Ausnützen stark geneigter Reibungstritte zuläßt, soweit man über die entsprechende Fußtechnik verfügt. Mit mittelharten Kletterschuhen müssen aus Gründen der Kraftersparnis kleine Leisten und Kanten seitlich angetreten werden.

Wegen der profillosen Reibungsklettersohle sind mittelharte Kletterschuhe für Abstiege im alpinen Gelände ungeeignet und können vor allem bei ungünstigen Witterungseinflüssen ein Sicherheitsrisiko darstellen.

Weicher Kletterschuh

Je nach Schuhmodell und Sohlendicke ist der Übergang vom mittelharten Kletterschuh zum weichen Kletterschuh fließend. Abhängig von Sohlendicke und Ausführung haben weiche Kletterschuhe eine geringe bis nicht mehr vorhandene Kantenstabilität. Vom weichen Halbschuh bis zum sogenannten Ballerina sind die durchwegs niedrig geschnittenen weichen Kletterschuhe zwar sehr gut für das Reibungsklettern geeignet, doch erfordert das Stehen auf kleinen Tritten auch mit seitlichem Antreten einen erhöhten Kraftaufwand. Darüber hinaus kann das Klettern mit weichen Kletterschuhen in längeren Routen vor allem im rauhen Kalkfels größere Schmerzen bereiten, da sich die Felsunebenheiten bis zum Fuß durchdrücken.
Obwohl er bei Sportkletterern und Wettkampfkletterern sehr beliebt ist, eignet sich der weiche Kletterschuh nur sehr bedingt für Anfänger. Beim alpinen Fels- und Sportklettern im Gebirge ist ein weicher Kletterschuh ohne Kantenstabilität mit wenigen Ausnahmen nicht zu empfehlen. Für Abstiege im alpinen Gelände müssen zusätzlich geeignete Schuhe mitgeführt werden.

Verschiedene weiche Kletterschuhe

THEORETISCHE GRUNDLAGEN

Kletterrucksack

Obwohl auch der Rucksack nicht zur alpintechnischen Ausrüstung zu zählen ist, soll er hier wegen seiner Bedeutung beim Fels- und Sportklettern im Gebirge und beim außeralpinen Höhenbergsteigen nicht unerwähnt bleiben. Ein guter Kletterrucksack stammt aus der Familie der Körperkontakt-Rucksäcke, hat ein maximales Volumen von 45 Litern und wiegt nicht mehr als 1000 Gramm. Sehr wichtig ist ein funktionelles Belüftungssystem, mit dem man weniger schwitzt und die Rucksacklast angenehmer trägt. Als Rucksackstoff empfiehlt sich das scheuerfeste Cordura in verschiedenen Stärken, das je nach Qualität der Innenbeschichtung annähernd wasserdicht ist. Zudem sollte man auf gut gepolsterte Tragegurte und einen nicht zu voluminösen Hüfttragegurt achten, der die Materialschlaufen am Anseilgurt nicht blockiert. Unnötiger Schnickschnack und überflüssige Schlaufen und Bänder haben an einem guten Kletterrucksack nichts verloren.

Funktioneller Kletterrucksack

Zubehör

Als sehr nützliches Zubehör für das Sportklettern und Bouldern bewährt haben sich Magnesia, die in einem geeigneten und dichten Beutel mitgeführt wird, eine Zahnbürste zum Reinigen magnesiaverschmierter Griffe und ein kleines Stück Teppich, das die Schuhe am Einstieg sauberhält.

Ausrüstung für das technische Klettern

Technisches Klettern macht zusätzlich zur Freikletterausrüstung noch weitere Ausrüstungsgegenstände erforderlich. In den meisten Fällen wird man bei technischer Kletterei alle bereits aufgeführten Sicherungsmittel, auch Hammer und Haken, mitnehmen. Nach Ausbruch eines Hakens kann die betreffende Stelle eben meist nur durch Anbringen eines neuen Hakens wieder begehbar gemacht werden.

Bei der Wahl der Kletterschuhe ist zu berücksichtigen, daß längeres Verweilen in Trittleitern oder auch das Hochsteigen mit Steigklemmen in festeren Schuhen komfortabler ist als in Reibungskletterschuhen.

Für passagenweises technisches Klettern benötigt man Fiffihaken, Trittleitern und gegebenenfalls einen Skyhook. Die restlichen im folgenden beschriebenen Ausrüstungsgegenstände werden bei Begehungen im sogenannten Big-wall-Stil benützt.

Fiffihaken

Der Fiffihaken oder kurz Fiffi ist ein simpler Haken mit zwei Bohrungen. Die kleine Bohrung oben am Haken dient zur Befestigung der Nachziehleine. Diese sollte eine Länge von ca. 1,5 m aufweisen. Für ganz ausgefuchste Techno-Kletterer gibt es auch Fiffis mit Handgriff. Fiffis werden als Brustfiffis und in Trittleitern benützt.

Trittleitern

Trittleitern bzw. Bandleitern kann man kaufen oder selbst anfertigen. Am besten bewährt hat sich die einsprossige Bandleiter. Die mehrsprossige Trittleiter verhängt sich leichter und hat den weiteren Nachteil unentwegten blechernen Klapperns. Die reine Bandleiter ist diesbezüglich von Vorteil, hat aber den Nachteil, daß es oft schwierig ist, in die einzelnen Bandstufen einzusteigen.

Aus der bei der Reihenschaltung beschriebenen Standschlinge läßt sich eine verstellbare zweistufige Trittleiter improvisieren, die mit

Ausrüstung für das Fels- und Sportklettern

Oben links:
Fiffihaken

Unten links:
Skyhooks

Einsprossige Bandleiter mit Fiffihaken; die Sprosse oben hält die Stufen geöffnet und erleichtert das Einsteigen

oder ohne Fiffi zu benützen ist und besonders für kurze technische Passagen oder als letzte Hilfe bei gescheiterten Freikletterversuchen gute Dienste leistet.

Für den Bau der improvisierten Bandleiter wird ein Karabiner in der Zentralpunktschlaufe eingeklinkt. In diesem Karabiner fixiert man zusätzlich die Schlinge mit Mastwurf, und zwar derart, daß zwei unterschiedlich hohe Stufen entstehen. Ein Fiffi kann zusätzlich in den Karabiner eingehängt werden.

Skyhooks

Skyhooks, auch Cliffhänger genannt, gestatten es, sich an positiven (einwärts-abwärts geneigten) Löchern und Leisten zu fixieren. Es sind mehrere Formen auf dem Markt. Die Version mit dem großen Hakenradius bietet die meisten Einsatzmöglichkeiten.

Steigklemmen

Steigklemmen lassen sich in einer Richtung am Seil verschieben, in der anderen Richtung blockieren sie. Es gibt Typen mit und ohne Griff. Sie können zur Selbstsicherung beim Aufstieg an Fixseilen und zum Nachziehen des Haul bags benützt werden.

Steigklemmen

89

THEORETISCHE GRUNDLAGEN

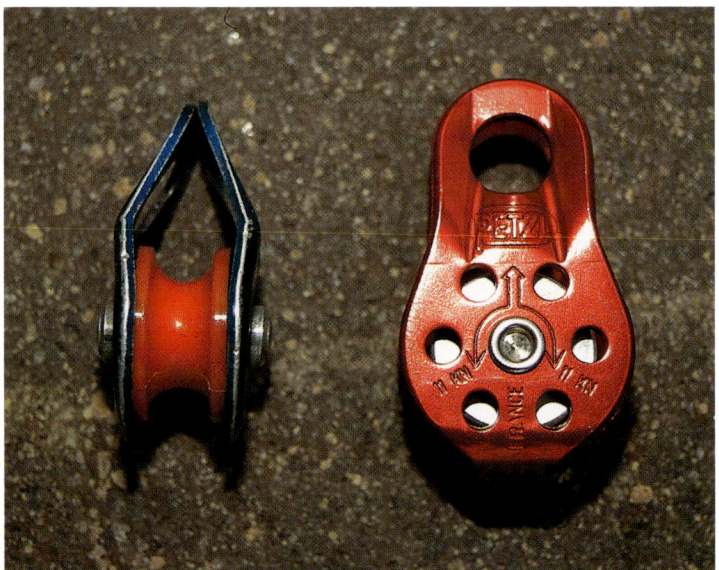

Seilrollen

Nachziehsack

Der Nachziehsack oder Haul bag dient zum Materialtransport bei Anwendung der Bigwall-Technik. Er ähnelt einem Seesack und weist zwei solide Aufhängeschlaufen auf. Eine möglichst glatte und reißfeste Oberfläche ist vorteilhaft.

Hilfsseil

Das Hilfsseil wird zum Nachziehen des Haul bags verwendet. Es besteht aus einer 6–7 mm dicken Reepschnur oder einem Zwillingsseilstrang. Das Hilfsseil kann auch mit zum Abseilen benützt werden.

Seilrollen

Seilrollen, auch Pulleys genannt, benötigt man für reibungsarme Seilumlenkungen. In Verbindung mit Steigklemmen gestatten sie den Bau ökonomischer Haul-Systeme.

Copperheads

Copperheads sehen ähnlich aus wie Monokabelkeile, haben aber einen zylinderförmigen Kopf aus Kupfer. Sie werden mit dem Hammer in seichte Rißspuren und Vertiefungen eingeschlagen, die eine Plazierung von Klemmkeilen nicht mehr zulassen.

ALPINE GEFAHREN UND WETTER

Das Sportklettern in den Klettergebieten der Mittelgebirge und an künstlichen Kletteranlagen gilt zu Recht als ein relativ sicherer Sport mit sehr geringen Unfallzahlen, wobei die Unfälle allesamt auf ein Fehlverhalten der Kletterer selbst zurückzuführen sind. Doch auch über die gesamten Spielformen und alle Anwendungsbereiche des Fels- und Sportkletterns hinweg betrachtet, sind nach Untersuchungen des DAV-Sicherheitskreises ca. 70% der Unfallursachen beim Menschen zu suchen und nur wenig mehr als 10 % der Unfallursachen in der Natur und dem Umfeld begründet, das vom jeweiligen Kletterer nicht direkt beeinflußt werden kann. Die restlichen Unfallursachen sind entweder nicht rekonstruierbar oder unbekannt.

Man muß die alpinen Gefahren deshalb in zwei grundsätzlich unterschiedliche Kategorien einteilen:
- Subjektive Gefahren werden durch den Menschen selbst hervorgerufen.
- Objektive Gefahren verursachen die Natur, das Umfeld und vor allem die Witterung. Sie beziehen sich in erster Linie auf das Fels- und Sportklettern im Gebirge.

Subjektive Gefahren

Fehlende oder mangelhafte Erfahrung

Das beste Lehrbuch und der beste Theorieunterricht können nicht die Erfahrung ersetzen, die aus der praktischen Anwendung über Jahre reifen muß. Gleichwohl kann ein gutes Lehrbuch praktische Erfahrungen steuern und ergänzen.
Kletterern, die am Anfang ihrer praktischen Erfahrungen stehen, kann nur empfohlen werden, eine qualifizierte Ausbildung zu absolvieren oder sich bereits erfahrenen und kompetenten Partnern anzuschließen. Die Auswahl der Kletterziele bzw. -routen sollte sich am Erfahrungsstand orientieren.

Alpine Gefahren und Wetter

Unzureichendes technisches Können

Das technische Können wird durch Lernen und ständiges Üben erworben.
Die in diesem Lehrplan beschriebenen Bewegungs- und Sicherungstechniken erlernt man am besten in einem Ausbildungskurs bei einem qualifizierten Bergführer, einer seriösen Berg- oder Kletterschule oder bei einer Alpenvereinssektion.

Mangelnde körperliche Voraussetzungen

Die für das Fels- und Sportklettern notwendigen konditionellen Fähigkeiten sollten abhängig vom persönlichen Anspruchs- und Schwierigkeitsniveau zielgerichtet und ganzjährig trainiert werden (siehe Kapitel »Training«). Auch für das Fels- und Sportklettern im unteren Schwierigkeitsbereich ist eine gewisse körperliche Fitneß Grundvoraussetzung. Vor jeder Klettertour muß die Muskulatur speziell aufgewärmt werden.

Falsches taktisches Verhalten und psychisches Fehlverhalten

Um eine Kletteroute erfolgreich und sicher zu meistern, bedarf es des bestmöglichen und zielgerichteten Einsatzes der Bewegungs- und Sicherungstechniken sowie einer Reihe weiterer taktischer Überlegungen, die ebenfalls stark erfahrungsabhängig sind (siehe die Kapitel »Taktik beim klassischen Felsklettern« und »Taktik beim Sportklettern«). Auch durch Streß, Angst oder zu große Risikobereitschaft können Unfallsituationen entstehen bzw. kann das taktische Verhalten negativ beeinflußt werden. Nur eine fundierte Ausbildung und eine sorgfältige Nachbetrachtung kritischer Situationen beim Klettern können hier Abhilfe schaffen.

Falsche oder mangelhafte Ausrüstung

Es gibt heute kaum noch schlechte Ausrüstung. Oft jedoch wird die falsche Ausrüstung für die jeweilige Tour ausgewählt oder zu viel unnützes Zeug mitgeschleppt. Auch muß die Ausrüstung richtig eingesetzt und bedient werden. Über die richtige Auswahl und Verwendung der Kletterausrüstung informiert man sich ebenfalls in einem Ausbildungskurs oder bei einem erfahrenen Partner.

Objektive Gefahren

Wetter

Das Wetter mit all seinen Erscheinungen wie Sonne, Kälte, Nässe, Gewitter, Sturm, Wettersturz, Nebel und Schneefall ist für die Sicherheit und den Erlebniswert einer Klettertour von entscheidender Bedeutung. Viele Gefahrensituationen ergeben sich witterungsbedingt. Deshalb gehört es zu den wichtigsten Aufgaben beim Fels- und Sportklettern im Gebirge, den aktuellen Wetterbericht abzuhören und die Wetterprognose zu berücksichtigen. Ständige eigene Wetterbeobachtungen anhand von Wolkenaufzügen, Luftdruckveränderungen und Temperaturwechseln helfen mit, in keine Wetterfalle zu tappen.

Klettertour im Gebirge bei sonnigen Verhältnissen

THEORETISCHE GRUNDLAGEN

Sonne und Hitze

Die Sonne kann in größeren Höhen aufgrund der aggressiven UV-Strahlung zu Verbrennungen führen, denen man am besten durch die Verwendung von Sonnenschutzmitteln mit hohem Lichtschutzfaktor, einem schützenden Lippenstift und dem Tragen einer qualitativ hochwertigen Sonnenbrille entgegenwirkt. Gegen die Gefahr eines Hitzschlags beugt man am besten mit einer hellen Kopfbedeckung vor. Einen Wärmestau verhindert man durch das rechtzeitige Ablegen überflüssiger Bekleidungsschichten. Bei allen bergsportlichen Aktivitäten, vor allem bei langen Gebirgskletterrouten, sollte unabhängig vom individuellen Durstgefühl unbedingt ausreichend Flüssigkeit zugeführt werden, um Leistungseinbußen zu vermeiden.

Kälte, Nässe und Schneefall

Gegen trockene Kälte kann man sich relativ unproblematisch mit dem Anziehen warmer Kleidung und mit Bewegung schützen. In Verbindung mit Nässe besteht jedoch die Gefahr der Unterkühlung, weshalb bei längeren Gebirgstouren immer wasserdichte Überbekleidung, am besten mit sogenannten Klimafasern ausgestattet, und trockene Reservewäsche mitgeführt werden sollte. Kälte und Nässe können jede Klettertour wegen der kalten, gefühllosen Finger und der stark herabgesetzten Sohlenreibung am Fels bedeutend erschweren und zu einem riskanten Unternehmen werden lassen. Auch Schneefall ist im sommerlichen Hochgebirge bei Wetterstürzen und den damit verbundenen Temperaturstürzen um 10-15 Grad keine Seltenheit. In jedem Fall sollte man sich unter diesen Bedingungen sorgfältig überlegen, ob eine Klettertour fortgesetzt werden soll oder ob es nicht klüger ist, einen gut durchdachten Rückzug anzutreten.

Wind und Sturm

Wind und Sturm werden häufig unterschätzt. Wind entzieht dem Körper Wärme und Energie. Dieser Effekt wird durch nasse oder feuchte Kleidung noch verstärkt. Es kann zur Unterkühlung kommen. Zudem ist die akustische Verständigung der Seilpartner erheblich gestört. Ist kein Ausweichen auf eine windgeschützte Exposition möglich, ist auch hier der Rückzug oftmals unvermeidbar.

Gewitter

Gewitter sind an den typischen Wolkenbildern und an den rapiden Luftdruckveränderungen meist rechtzeitig zu erkennen. Gefahr droht dabei vom Blitzschlag, dem man am besten ausweicht, indem Gipfel, Grate, exponierte Geländepunkte, wasserführende Rinnen und vor allem Drahtseilsicherungen gemieden werden. Bei Gewitter darf man sich niemals hinlegen, sondern sollte sich auf eine isolierende Unterlage (Rucksack, Seil) setzen und dabei eine Schrittstellung vermeiden. Höhlen sollte man als Schutz nur aufsuchen, wenn sie tief genug und trocken sind.

Steinschlag

Die meisten Kletterunfälle, die in den objektiven Gefahren ihre Ursache haben, werden durch Steinschlag verursacht. Steinschlag kann durch Frostsprengung, d. h. durch gefrierendes Wasser, das in feine Felsritzen eindringt, durch Auswaschung in einem starken Gewitterregen oder durch Ausaperung von Steinen und Felsbrocken aus Firn- und Eisfeldern bei Sonneneinstrahlung entstehen. Am häufigsten jedoch wird Steinschlag durch unachtsame Kletterer ausgelöst, die oberhalb in einer Kletterroute unterwegs sind. Deshalb ist besondere Vorsicht angesagt, wenn man unter sich Seilschaften oder auch Wanderer

Verhalten bei Gewitter

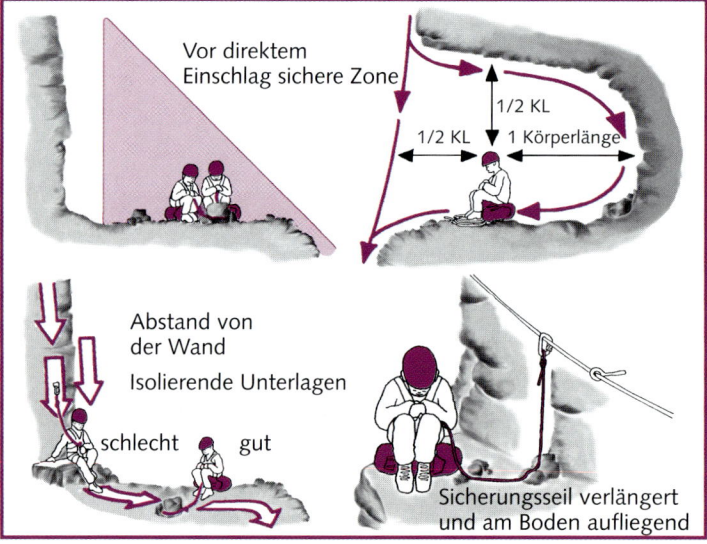

Rückzugsmethode, behelfsmäßige Bergrettung und Erste Hilfe

am Wandfuß wahrnimmt, um diese nicht unnötig zu gefährden. Sind schon mehrere Seilschaften in einer Gebirgsroute unterwegs, ist es ratsam, umzudisponieren und eine andere Route zu wählen.

Dunkelheit und Notbiwak

Bei langen Gebirgskletterrouten, einer nachlässigen Planung oder unvorhergesehenen Zwischenfällen kann es vorkommen, daß man während des Kletterns oder im Abstieg von der Dunkelheit überrascht wird. Oft gelingt es, etwa mit Hilfe einer Stirnlampe, die Tour zu beenden, doch sollte man im Zweifelsfall besser rechtzeitig ein Biwak einrichten. Hat man die entsprechende Ausrüstung für ein Notbiwak dabei und ist die Witterung nicht zu ungünstig, stellt dies keine besondere Gefährdung dar. Wichtig ist es, zunächst trockene Kleidung anzuziehen, sich auf eine isolierende Unterlage zu setzen oder zu legen und den schützenden Biwaksack überzuziehen. Im exponierten Felsgelände muß man auf jeden Fall beim Biwak selbstgesichert bleiben.

Notbiwak

Praxistips:
- Beim Rückzug und bei allen anderen Maßnahmen aus der behelfsmäßigen Bergrettung benötigt man hundertprozentig zuverlässige Fixpunkte an den Standplätzen bzw. Abseilstellen.
- Oft ist es dafür notwendig, Material wie Haken, Klemmkeile oder Schlingen zu opfern.

RÜCKZUGSMETHODE, BEHELFSMÄSSIGE BERGRETTUNG UND ERSTE HILFE

Rückzugsmethode

Verschiedene Gründe, wie z. B. Wettersturz, schlechte Verfassung eines Seilpartners oder unerwartete Schwierigkeiten bei der Routenfindung, können einen Rückzug erforderlich machen. Im einfachsten Fall ist dies durch Abseilen möglich. Im überhängenden Gelände oder nach Quergängen kann jedoch die sogenannte Rückzugsmethode notwendig sein, um den nächsten Standplatz oder die nächste Abseilstelle zu erreichen. Die Rückzugsmethode hat außerdem den Vorteil, daß die Seilpartner jederzeit gesichert sind und Felskontakt behalten.

Ablauf der Rückzugsmethode

Ein Seilpartner wird abgelassen und hängt dabei alle erforderlichen Zwischensicherungen ein, um den nächsten Standplatz zu erreichen. Dieser muß unbedingt vor der Hälfte des zur Verfügung stehenden Kletterseiles erreicht werden; notfalls muß ein Zwischenstand eingerichtet werden. Daraufhin wird der zweite Kletterer über eine Umlenkung am oberen Standplatz abgelassen. In dieser Umlenkung muß in jedem Fall ein Karabiner oder ein Abseilring belassen werden, da eine Schlinge auch bei langsamem Ablassen durchschmelzen und reißen würde. Während des Ablassens ist der zweite Kletterer mittels einer Expreßschlinge mit dem in den Zwischensicherungen befindlichen Seil verbunden, so daß auch er Felskontakt halten kann. Das Aushängen der Zwischensicherungen wird durch einen Seilschwanz erleichtert.

THEORETISCHE GRUNDLAGEN

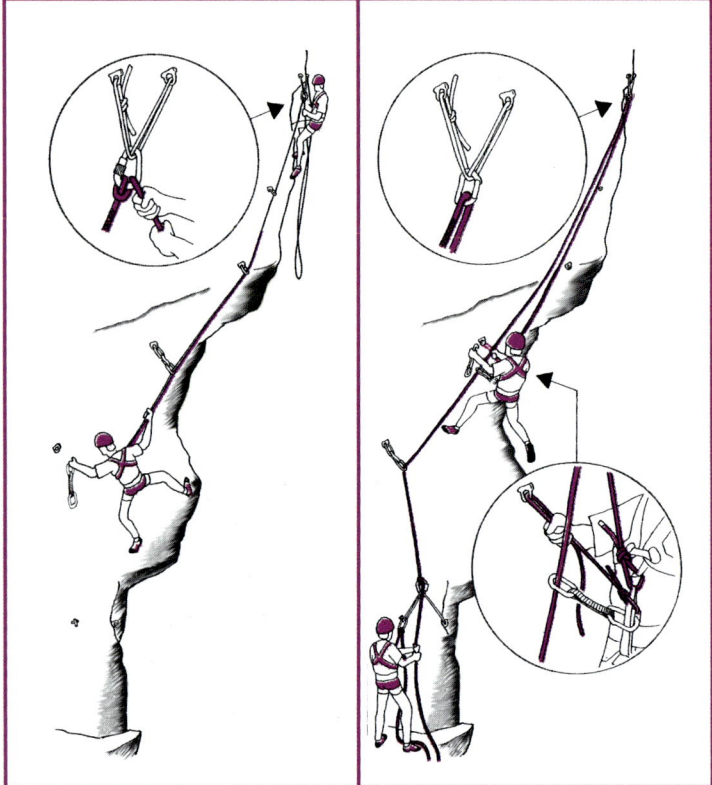

Oben links: Rückzugsmethode

Oben rechts: Selbstseilrolle mit und ohne Prusiksicherung

Behelfsmäßige Bergrettung beim Fels- und Sportklettern

Auch bei noch so sorgfältiger Planung und Durchführung einer Klettertour kann ein Sturz oder Unfall nie gänzlich ausgeschlossen werden. Ein verantwortungsbewußter Kletterer sollte deshalb die wichtigsten Maßnahmen aus dem Bereich der behelfsmäßigen Bergrettung beherrschen, mit denen man nach einem Sturz oder einem Unfall mit leichteren Verletzungen noch handlungsfähig ist und eine Tour selbständig nach oben oder unten beenden kann. Man unterscheidet dabei zwischen Verfahren zur Selbstrettung und Verfahren zur Kameradenrettung. Bei Unfällen mit Schwerverletzten sollten der bzw. die Verletzten aus dem Gefahrenbereich geborgen und Erste-Hilfe-Maßnahmen durchgeführt werden. Die Verletzten werden so gut wie möglich gelagert, bis ein Hubschrauber bzw. die organisierte Rettung zur Stelle ist.

Selbstrettungsverfahren

Mit den Selbstrettungsverfahren kann nach einem verletzungsfreien Sturz in nicht kletterbares oder überhängendes Gelände wieder kletterbares Gelände erreicht werden.

Selbstseilrolle

Die Selbstseilrolle kann angewendet werden, solange Felskontakt möglich bzw. das gegenläufige Seil erreichbar ist. Dabei kann eine mit dem Anseilpunkt verbundene, maximal armlange Prusikschlinge als Rücklaufsperre am Zugseil dienen. Diese Prusiksicherung ist verzichtbar, sofern der Sicherungspartner das jeweils entstehende Schlappseil einholt.

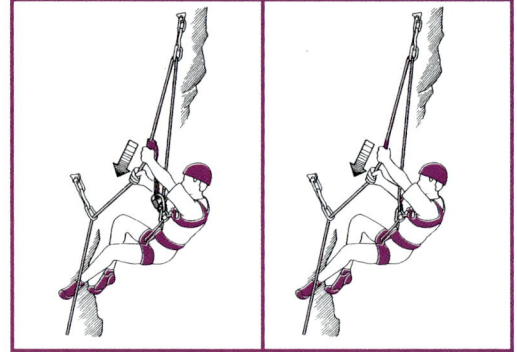

Prusiktechnik

Nach einem Sturz im überhängenden Gelände ist die Selbstrettung durch den Aufstieg am Seil mittels Prusikschlingen möglich. Da normalerweise keine Steigklemmen mitgeführt werden, empfiehlt sich die Technik mit Prusikschlingen (siehe S. 66/67).

Verfahren zur Kameradenrettung

Ist der Seilpartner leicht verletzt bzw. aus einem anderen Grund nicht mehr voll handlungsfähig, gibt es situationsabhängig verschiedene Möglichkeiten zur Rettung nach unten oder nach oben.

Ablassen

Mit diesem Verfahren kann ein verletzter, jedoch nicht bewußtloser Kletterer gesichert abgeseilt werden. Um ein langsames und kontrolliertes Ablassen zu ermöglichen, wird das Seil Hand über Hand in die HMS eingegeben.

Rückzugsmethode, behelfsmäßige Bergrettung und Erste Hilfe

Ist der Seilpartner an der nächsten Abseilstelle bzw. am nächsten Standplatz angekommen, muß er seine vorbereitete Selbstsicherungsschlinge an einem zuverlässigen Fixpunkt einhängen. Anschließend kann sich der Retter zum Verletzten abseilen. Ist der Verletzte unfähig, sich selbstzusichern bzw. einen Fixpunkt zu schaffen, muß sich der Retter zuerst abseilen und den Stand einrichten. Der Verletzte wird dann von unten über eine Umlenkung, in der sich ein Karabiner oder ein Abseilring befinden muß, abgelassen. Befindet sich der Standplatz außerhalb der Fallinie, muß der Verletzte über eine Expreßschlinge mit dem zum Retter führenden Seil verbunden werden (siehe »Rückzugsmethode«, S. 93).

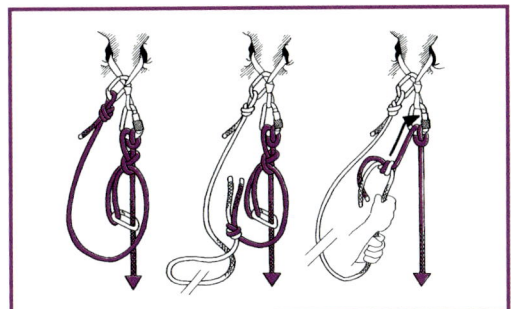

Oben:
Seilverlängerung

Mitte:
Ablassen eines Verletzten

Unten:
Expreß-Flaschenzug, Lose Rolle

Seilverlängerung

Wenn man zwei oder mehr Seile zur Verfügung hat und es taktisch günstig erscheint, den Verletzten über eine längere Strecke abzulassen, weil man damit z. B. den Wandfuß erreichen kann, so kommt die Seilverlängerung zur Anwendung. Dazu stoppt man spätestens 2 m vor dem am Standplatz gesicherten Seilende den Ablaßvorgang und fixiert das Seil mittels Schleifknoten. Die Seile werden mit einem gelegten Sackstich verbunden, wobei man die Seilenden ca. 25 cm überstehen läßt. Nach dem Lösen des Schleifknotens läuft der Sackstich durch den HMS-Karabiner, wenn man mit Drücken nachhilft, die überstehenden Enden durchfädelt und den Knoten kräftig durchzieht.

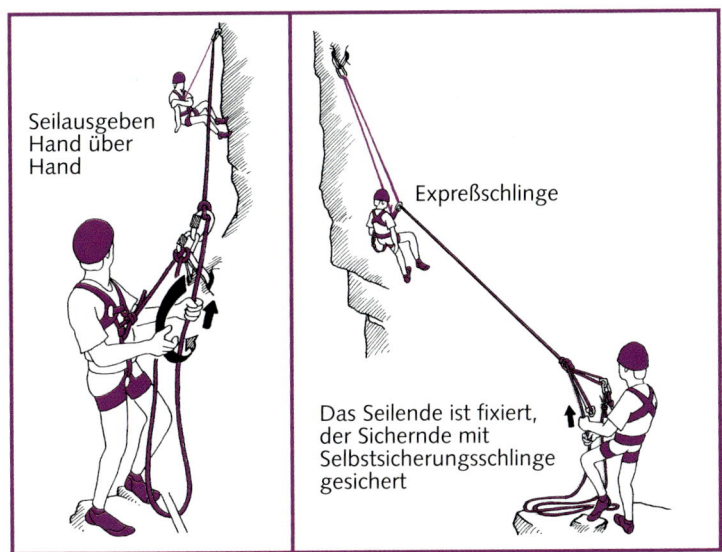

Seilausgeben Hand über Hand

Expreßschlinge

Das Seilende ist fixiert, der Sichernde mit Selbstsicherungsschlinge gesichert

Expreß-Flaschenzug

Im Unterschied zu den beiden bereits genannten Verfahren kann mit Hilfe des schnell installierten Expreß-Flaschenzugs ein leichtverletzter oder erschöpfter Kletterer, der sich im Nachstieg befindet, unter dessen Mithilfe zum Standplatz heraufgezogen werden. Zum Nachschieben des Kurzprusiks am Zugseil muß dabei die HMS zuverlässig mit der anderen Hand blockiert werden. Der Expreß-Flaschenzug kann ebenfalls eingesetzt werden, wenn der Nachsteiger an einer schwierigen Kletterstelle oder -passage eine Zughilfe benötigt. Sehr einfach läßt sich der Expreß-Flaschenzug beim Nachsichern mit der Magic Plate realisieren.

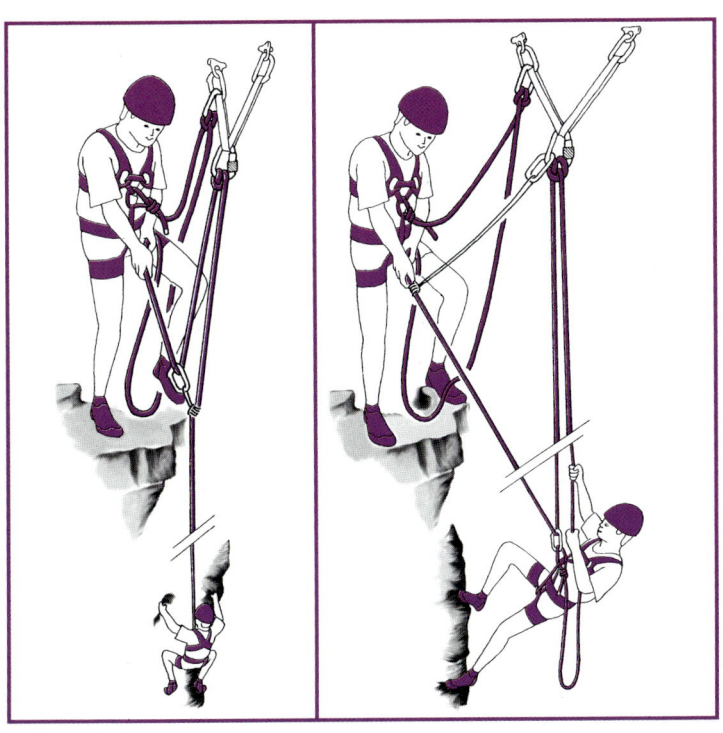

THEORETISCHE GRUNDLAGEN

Rechts:
Einmann-
Bergemethode
Modell
Schuhmann

Unten:
Legen der
Gardaschlinge

Ganz unten:
Schweizer
Flaschenzug

Lose Rolle

Auch mit der sogenannten Losen Rolle kann ein leichtverletzter, aber aktionsfähiger Kletterer zum Standplatz heraufgezogen werden. Im Vergleich mit dem einfachen Expreß-Flaschenzug ist der Kraftaufwand dafür geringer, jedoch benötigt man zum Aufbau der Losen Rolle so viel Seilreserve, daß das doppelt genommene Seil zum Verletzten hinabreicht. Um einen ungewollten Seilrücklauf während des Hochziehens zu verhindern, wird in das einzuziehende Seil mittels einer Prusikschlinge eine Rücklaufsperre als Sicherung eingebaut.

Schweizer Flaschenzug

Ist der Verletzte nicht mehr in der Lage mitzuhelfen oder steht nicht genügend Restseil für

Ausgleichsverankerung

Abseilachter mit Aufhängung von Retter und Verletztem

Verletzter mit langer Bandschlinge am Rücken des Retters fixiert

Kurzprusikschlinge zur Eigensicherung mit Verschlußkarabiner in den Schenkelschlaufen des Hüftgurtes fixiert

die Lose Rolle zur Verfügung, muß der Retter einen wirkungsvollen Flaschenzug bauen. Aus mehreren bekannten Flaschenzugtechniken hat sich der Schweizer Flaschenzug als der effektivste herauskristallisiert.

Der Aufbau gestaltet sich in folgenden Schritten:

- Absicherung der HMS mittels Schleifknoten
- Lastübertragung auf eine Prusikschlinge
- Einbau der sogenannten Gardaschlinge als Rücklaufsperre
- Aufbau des vollständigen Flaschenzugs mit einer Hilfsschlinge (dazu eignet sich eine lange, offene Bandschlinge oder der Rest des Kletterseils) und einer kurzen Prusikschlinge, die unten am Lastseil zu befestigen ist
- Nach dem ersten Hub lockert sich die unter Punkt 2 angebrachte, für den Umbau erforderliche Prusikschlinge; sobald dies passiert, wird sie entfernt

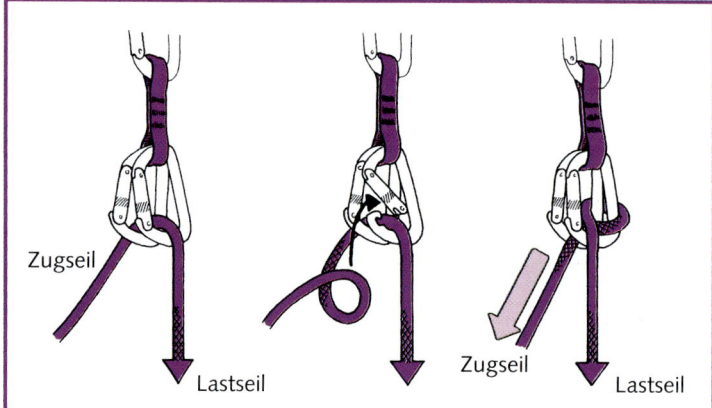

Zugseil — Lastseil — Zugseil — Lastseil

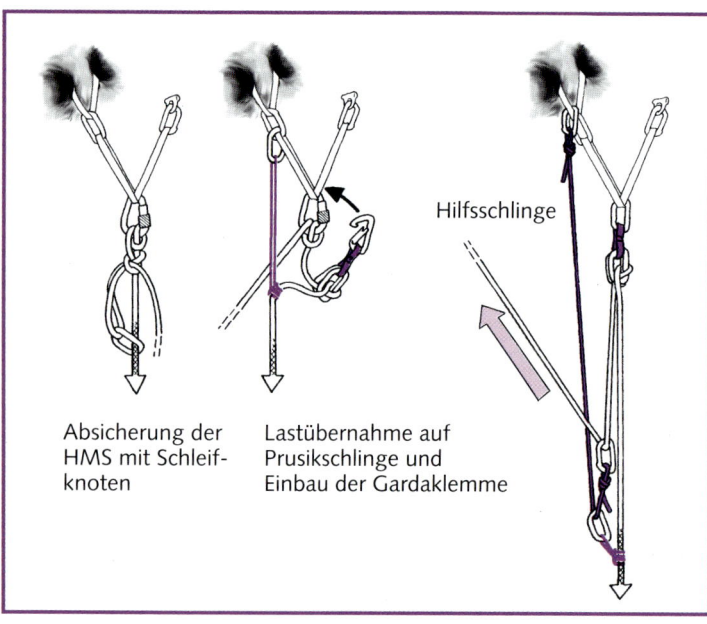

Hilfsschlinge

Absicherung der HMS mit Schleifknoten

Lastübernahme auf Prusikschlinge und Einbau der Gardaklemme

Einmann-Bergemethode Modell Schuhmann

Alle bisher genannten Bergetechniken setzen eine gewisse Handlungsfähigkeit des Verletzten voraus. Mit der Einmann-Bergemethode Modell Schuhmann (siehe Abbildung oben) können dagegen ein Retter und ein aktionsunfähiger Verletzter gemeinsam abseilen.

Rückzugsmethode, behelfsmäßige Bergrettung und Erste Hilfe

Mit den beschriebenen Verfahren der behelfsmäßigen Bergrettung können die häufigsten Sturz- und Unfallsituationen bewältigt werden. In der Praxis scheitert eine erfolgreiche Anwendung allerdings häufig an dem psychischen Druck einer derartigen Situation. Deshalb sollten alle Verfahren unter qualifizierter Anleitung erlernt und zur Festigung auch regelmäßig geübt werden.

Erste Hilfe und Maßnahmen am Unfallort

Bei einem Sturz oder Unfall mit Verletzungsfolge muß der Seilpartner in der Lage sein, eine schnelle Erstversorgung des Verletzten durchzuführen sowie die richtigen Maßnahmen am Unfallort zu ergreifen. Vor allem beim Fels- und Sportklettern im Gebirge kann es bei ungünstiger Witterung trotz modernster Technik und dem Einsatz eines Rettungshubschraubers oft Stunden dauern, bis die organisierte Rettung eintrifft.

Erstmaßnahmen am Unfallort

Bei harmlosen Verletzungen, mit denen der Verletzte noch selbständig ins Tal oder zur nächsten Hütte absteigen kann, ist die Situation unproblematisch.

Bei schweren Verletzungen jedoch, wie sie infolge eines Sturzes oder Steinschlags auftreten können, muß der Ersthelfer zuallererst Ruhe bewahren, ruhig überlegen und dann in folgenden Schritten handeln:
- Unfallsituation erfassen (was ist passiert, sind weitere Personen gefährdet, wie ist der Verunglückte erreichbar?)
- Sofortbergung aus dem Gefahrenbereich, wenn sich der Verletzte in unmittelbarer Bedrohung befindet (z. B. Steinschlag)
- Behebung lebensbedrohlicher Zustände wie Schock, Atem-/Kreislaufstillstand
- Erstversorgung von Verletzungen
- Überlegungen zum Abtransport des Verletzten und zur Alarmierung der organisierten Bergrettung

Erste Hilfe bei typischen Verletzungen infolge eines Sturzes oder Kletterunfalls

Nachfolgend sind nur die typischen Verletzungen beschrieben, die infolge eines Sturzes oder Kletterunfalls auftreten können. Dies kann in keinem Fall einen qualifizierten Erste-Hilfe-Kurs bzw. Auffrischungskurs in Erster Hilfe ersetzen, der für jeden verantwortungsbewußten Kletterer eine Selbstverständlichkeit sein sollte.

Starke äußere oder innere Blutungen, Verblutungsschock
- Erkennungsmerkmale: apathisches Verhalten, blasse Gesichtsfarbe; feuchte, kühle Haut; schneller, kaum fühlbarer Puls
- Sofortmaßnahmen: blutende Körperteile hochhalten, abdrücken, Druckverband auf die Wunde, nur im Notfall mit Dreiecktuch abbinden
- Lagerung: Oberkörper und Kopf horizontal, Beine angehoben
- Abtransport: Hubschrauber

Bewußtlosigkeit
- Erkennungsmerkmale: nicht ansprechbar, schlaffe Glieder, evtl. Stöhnen, keine Reaktion auf Schmerzreize
- Sofortmaßnahmen: Freihalten der Atemwege, Schutz vor Kälte
- Lagerung: stabile Seitenlage
- Abtransport: Hubschrauber

Arm- oder Beinbruch
- Erkennungsmerkmale: Druckschmerzen, Schwellungen im Bruchbereich (Bluterguß), unnatürliche Lage der Gliedmaßen, atypische Beweglichkeit, drohende Durchspießung
- Sofortmaßnahmen: schmerzfrei nach Angabe des Verletzten lagern, gepolsterte Schienung über benachbarte Gelenke, Druckstellen durch Polstermaterial vermeiden, bei Armbruch Fixierung am Rumpf, bei Beinbruch evtl. Fixierung am unverletzten Bein
- Lagerung: nach Angabe des Verletzten, laufende Überprüfung von Durchblutung

THEORETISCHE GRUNDLAGEN

Yes-/No-Signal; Yes: Hilfe ist notwendig, Einweisung des Hubschraubers bei der Landung; No: Hilfe ist nicht notwendig bzw. Landung nicht möglich

und Beweglichkeit in den Fingern bzw. den Zehen, bei Störungen Verband lockern
• Abtransport: möglichst schmerzfrei

Gelenkverrenkungen
• Erkennungsmerkmale: unnatürliche Verformung des Gelenks, starke Schmerzen, federnde Fixation in Fehlstellung
• Sofortmaßnahmen: Fixierung, keine Einrenkversuche
• Lagerung: nach Angabe des Verletzten, laufende Überprüfung von Durchblutung und Beweglichkeit in den Fingern bzw. den Zehen, bei Störungen Verband lockern
• Abtransport: möglichst schmerzfrei

Unfallmeldung

Im gesamten Alpenraum gibt es organisierte Rettungsdienste, die im Notfall einen Hubschrauber einsetzen können. Es empfiehlt sich, im Zusammenhang mit der Tourenplanung auch die Telefonnummern der örtlichen Rettungsorganisation bzw. der Polizei einzuholen.

Hubschrauberrettung

Die Unfallmeldung auf einer naheliegenden Hütte, im Tal oder per Funktelefon sollte nach folgendem Muster abgegeben werden:
• Wer meldet und von wo wird gemeldet? (Rückfragemöglichkeit)
• Was ist passiert? (kurze Unfallschilderung, Zahl der Verletzten, Verletzungsarten)
• Wo ist die Unfallstelle? (genaue Angabe, wenn möglich mit Koordinaten)
• Wann ist es geschehen? (genaue Zeitangabe)

Wenn die Unfallsituation keine telefonische Unfallmeldung erlaubt bzw. der Verletzte nicht allein zurückbleiben soll, wird das international gültige alpine Notsignal angewendet.

> **Alpines Notsignal:**
> 6mal innerhalb einer Minute wird in regelmäßigen Abständen (alle 10 Sekunden) ein sicht- oder hörbares Zeichen gegeben. Mit jeweils 1 Minute Unterbrechung wird es so lange wiederholt, bis eine Antwort eintrifft. Die Antwortzeichen erfolgen 3mal pro Minute (alle 20 Sekunden).

Hinweise zur organisierten Rettung mit Hubschrauber

Bei der Landung eines Hubschraubers ist unbedingt zu beachten:
• Herumliegende Ausrüstungsgegenstände müssen entfernt werden.
• Zur Landung ist ein mindestens 5 x 5 m großer, möglichst waagerechter Platz notwendig. Im Umkreis von 20 m dürfen sich keine hohen Hindernisse befinden.
• Zur Einweisung des Hubschraubers 10 m vor dem Landeplatz aufstellen, den Rücken gegen den Wind, die Arme in Y-Stellung, Blickkontakt zum Piloten.
• Ein- und Aussteigemanöver können im Felsgelände auch im Schwebeflug durchgeführt werden, im steilen Felsgelände kann die Bergung eines Verletzten mit Winde bzw. Seil und Retter erfolgen.
• Bei Annäherung an den Hubschrauber auf den Rotor achten.

Die Rucksackapotheke

Für Notfälle sollte die Rucksackapotheke neben dem Biwaksack und etwas Schreibzeug in keinem Kletterrucksack fehlen.

Der Inhalt der Rucksackapotheke ist auf die Bedürfnisse der Ersten Hilfe bei Bergunfällen abgestimmt:
- Wundschnellverband (Heftpflaster)
- evtl. Spezialpflaster für Blasen an den Füßen
- 2–3 sterile Wundauflagen (mindestens 3 cm breit)
- Leukoplast bzw. Tape (mindestens 3 cm breit)
- Dreiecktuch
- elastische Binde
- 2 Verbandspäckchen (je 1 großes und 1 kleines) mit steriler Wundauflage
- 2 Mullbinden
- Rettungsdecke
- evtl. Schere
- Wunddesinfektionsmittel (z. B. Kodan-Tinktur)
- Schmerzmittel (z. B. Aspirin, Tramal-Tropfen)
- evtl. Mittel gegen Durchfall

TOURENPLANUNG UND ORIENTIERUNG

Planung von Fels- und Sportklettertouren

Während sich die Planung eines Klettertages in einem nichtalpinen Sportklettergebiet lediglich auf die Auswahl eines Felsmassivs bzw. von bestimmten Routen beschränkt und ansonsten angenehm spontan ablaufen kann, sollte man bei der Planung von Fels- oder Sportklettertouren im Gebirge sehr sorgfältig vorgehen, um keine bösen Überraschungen zu erleben. Erscheinen auch manche der folgenden Punkte auf den ersten Blick sehr banal, so kann man im alpinen Gelände immer wieder Seilschaften beobachten, die offensichtlich »keinen Plan haben« und sich damit unnötig in Gefahr bringen. Eine gründliche und gewissenhafte Tourenplanung sollte folgende Punkte berücksichtigen:

Gebiet

- Lage des Klettergebiets mit Überlegungen zur An- und Abreise, Sprache und Währung
- Lage und Art der Hütten (bewirtschaftet oder nicht bewirtschaftet)
- sonstige Infrastruktur im Gebiet wie Seilbahnen, Forststraßen zur Verkürzung der Zu- und Abstiege mit dem Mountainbike, Übernachtungsmöglichkeiten im Tal, alpine Auskunftstellen vor Ort usw.

Route

- Beschaffenheit und Länge der Zu- und Abstiegswege (markierte Wege, wegloses Gelände, vergletscherte Abstiege usw.)
- detaillierter Zeitplan anhand der Angaben aus der Führerliteratur
- Gesteinsart und Felsqualität
- Höhenlage und Exposition der Route mit Einflüssen auf die Geländebedingungen und die Witterungssituation
- Biwakmöglichkeiten

Organisierte Rettung mit Stahlseilwinde

THEORETISCHE GRUNDLAGEN

Schwierigkeit

- Gesamtschwierigkeit der Route und Kletterschwierigkeit der Einzelstellen
- Verteilung der Kletterschwierigkeiten
- sonstige Schwierigkeiten, die sich aus der Höhenlage, dem Wetter, den aktuellen Verhältnissen und den Rahmenbedingungen ergeben

Ausrüstung

- Anpassung an die Schwierigkeit der Route und die aktuellen Routenverhältnisse einschließlich Zu- und Abstieg
- Berücksichtigung von Wetterlage und Jahreszeit
- Check der einzelnen Ausrüstungsteile (Bekleidung, alpintechnische und sonstige Ausrüstung) auf Vollständigkeit und Notwendigkeit (Gewicht!)

Wetterlage und Jahreszeit

- aktuelle Wetterlage und Wetterprognose für die nächsten Tage
- mögliche Niederschlagsentwicklung und Temperaturverlauf (bei geplantem Biwak Nachttemperaturen berücksichtigen!)
- Sonnenauf- und -untergangszeiten

Außerdem sollte man sich vor jeder geplanten Klettertour die kritische Frage stellen, ob das eigene momentane Leistungsniveau mit der Schwierigkeit und den sonstigen Anforderungen der Route harmoniert. Nach einer objektiven Betrachtung kann dies auch zu dem Ergebnis führen, daß eine weniger anspruchsvolle Route geplant wird.

Im Interesse der Sicherheit der gesamten Seilschaft sollte der Seilpartner nach den gleichen Kriterien gewählt werden. Leistungsniveau und Erfahrungsstand des Partners müssen bekannt sein, wenn man anspruchsvolle Gebirgskletterrouten plant.

Orientierung in Fels- und Sportklettertouren

Die Orientierung in alpinen Fels- und Sportklettertouren wird durch das Studium der entsprechenden Gebietsführer erleichtert, ist jedoch in erster Linie von der Erfahrung und dem entsprechenden Gespür einer Seilschaft bei der Routenfindung abhängig.

Dem Fels- und Sportkletterer stehen unterschiedliche Typen von Gebietsführern zur Verfügung.

Alpenvereinsführer

Die traditionellen UIAA-Alpenvereinsführer machen für jede Kletterroute in einem einheitlichen Beschreibungskopf nacheinander Angaben zur Erstbegehung, dem Schwierigkeitsgrad nach der UIAA-Skala, der Schlüsselstelle, dem Charakter der Kletterei, der Anzahl der Stand- und Zwischenhaken, den Höhenmetern zwischen Ein- und Ausstieg, der tatsächlichen Kletterlänge und der durchschnittlichen Begehungszeit bei normalen Routenverhältnissen.

An den Beschreibungskopf schließt die Beschreibung des Zustiegs zur Route von der nächstgelegenen Hütte bzw. aus dem Tal an, bevor eine ausführliche Beschreibung der Kletterroute anhand der einzelnen Seillängen folgt. Für vielbegangene, bedeutende Anstiege sind Anstiegsskizzen oder sogenannte Topos unter Verwendung der einheitlichen UIAA-Symbole enthalten, die dem erfahrenen Kletterer die beste Information zur Orientierung in der Route liefern können.

Außerdem enthalten die Alpenvereinsführer ausführliche allgemeine Gebietsinformationen, die für die Tourenplanung von Bedeutung sind. Leider sind die Alpenvereinsführer nicht immer auf dem aktuellen Stand, nach neueren interessanten Routen sucht man oft vergebens.

Rechts: Anstiegsskizze nach UIAA
(entnommen aus HEINZ MARIACHER: »AVF Dolomiten, Marmolada-Hauptkamm«, erschienen im Bergverlag Rother, Ottobrunn)

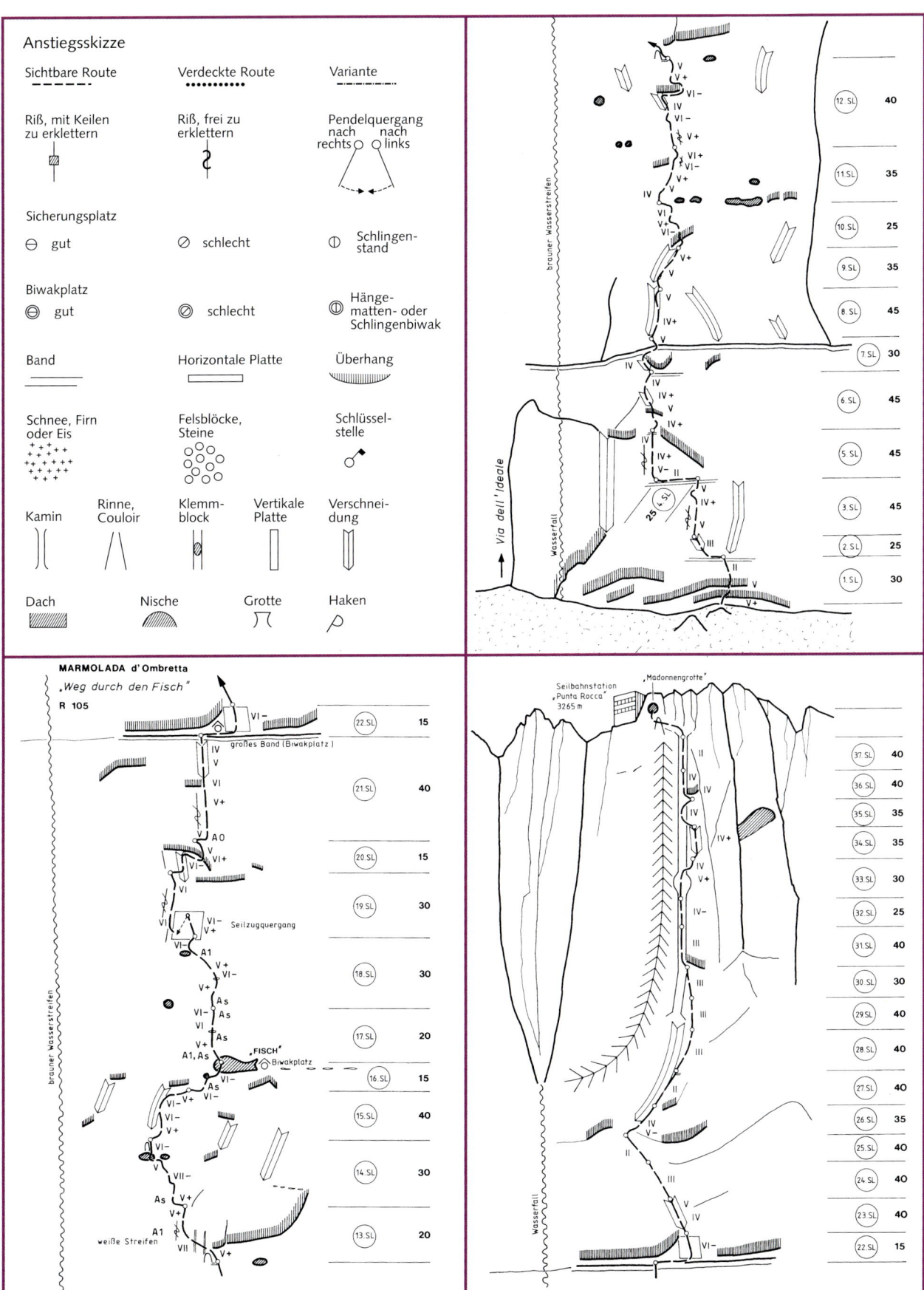

THEORETISCHE GRUNDLAGEN

Topo-Führer

Die modernen Topo-Führer liefern zu allen Routen detaillierte Anstiegsskizzen, aus denen man anhand der UIAA-Symbole die gleichen Informationen entnehmen kann wie aus den Alpenvereinsführern. Zwar bieten auch sie je nach Verlag und Autor mehr oder weniger ausführliche Rahmeninformationen zur Erstbegehung, der Schwierigkeit, der Kletterlänge, der Begehungszeit usw., doch kommen sie ohne den oft überflüssigen Text der langatmigen Routenbeschreibungen aus, die die Alpenvereinsführer unnötig aufblähen.

Zudem werden sie in kürzeren Abständen aktualisiert und neu aufgelegt, was aktuelle Informationen garantiert. Die allgemeinen Gebietsinformationen beschränken sich meist auf das Allernotwendigste.

TRAINING

Faktoren der Leistungsfähigkeit beim Fels- und Sportklettern

Ein sinnvolles Training für das Fels- und Sportklettern sollte alle trainierbaren leistungsbestimmenden Faktoren ansprechen. Nachfolgend eine Übersicht aller Faktoren, die die Leistungsfähigkeit beim Fels- und Sportklettern beeinflussen:

Persönlichkeitsmerkmale

Neben den physischen Persönlichkeitsmerkmalen (z. B. Alter, Geschlecht, Körpermaße), die nicht veränderbar sind, kann ein Training der psychischen Persönlichkeitsmerkmale wie beispielsweise Angst, Motivation oder psychische Routenvorbereitung das Leistungsniveau des Kletterers entscheidend verbessern.

Kondition

Ein Training der konditionellen Fähigkeiten ist Grundlage für die Leistungsentwicklung im Fels- und Sportklettern.

Aus der Gesamtheit der konditionellen Fähigkeiten inklusive ihrer Mischformen sollten beim Fels- und Sportklettern die Fähigkeiten Grundlagenausdauer, Maximalkraft, Maximalkraftausdauer, Kraftausdauer und die Beweglichkeit trainiert werden.

Technik

Die Technik beim Fels- und Sportklettern setzt sich zusammen aus den Bewegungstechniken (siehe Kapitel »Klettertechniken und Technikelemente«) und den koordinativen Fähigkeiten (z. B. Gleichgewichtsfähigkeit, Orientierungsfähigkeit, Umstellungsfähigkeit, Reaktionsfähigkeit).

Ein laufendes Training der Bewegungstechniken, wobei die koordinativen Fähigkeiten ständig mitentwickelt werden, ist entscheidend für die Leistungsfähigkeit beim Fels- und Sportklettern.

Taktik

Unter Taktik (siehe S. 36) versteht man die planmäßige, situative Anwendung von praktischem Können, theoretischem Wissen und Erfahrungswerten. Ein Taktiktraining beinhaltet immer die kritische Nachbetrachtung aller taktischen Verhaltensweisen und ist für das Fels-und Sportklettern nicht nur leistungsbestimmend, sondern für manche Situationen überlebenswichtig.

Situative Rahmenbedingungen

Durch ein Training nicht beeinflußbar, sehr wohl jedoch leistungbestimmend sind die situativen Rahmenbedingungen, die durch den momentanen Zustand des Kletterers selbst (z. B. Gesundheitszustand) bzw. durch Einflüsse von außen (z. B. Wetter, Temperatur, aktuelle Routenverhältnisse, Ausrüstung) vorgegeben sind.

Trainingsgrundlagen

Zunächst sollen zum besseren Verständnis allgemeine Grundlagen des Konditionstrainings geschildert werden.

Training

Die biologische Anpassung

Jedes Konditionstraining stellt für den Organismus eine Belastung dar, den Trainingsreiz. Dieser Trainingsreiz führt in der Folge zu einer vorübergehenden Abnahme der Leistungsfähigkeit.
Doch schon nach relativ kurzer Zeit der Erholung beginnt der Körper, seine Reserven über das Ausgangsniveau hinaus aufzufüllen. Er paßt sich dem Training an. Diesen Effekt bezeichnet man als Superkompensation.
Werden nun weitere Trainingsreize in den richtigen Zeitabständen gesetzt, so kommt es zu einer kontinuierlichen Verbesserung der Leistungsfähigkeit.

Praxistips:
- Zu hohe Trainingsreize mit zu kurzen Erholungsphasen können die entgegengesetzte Wirkung verursachen und den Organismus unbeabsichtigt schädigen. In diesem Fall spricht man dann von Übertraining.
- Zu geringe Trainingsreize oder zu lange Erholungsphasen lösen dagegen keinen Superkompensationseffekt aus und können somit nicht zur Leistungssteigerung beitragen, sondern bestenfalls zum Leistungserhalt.

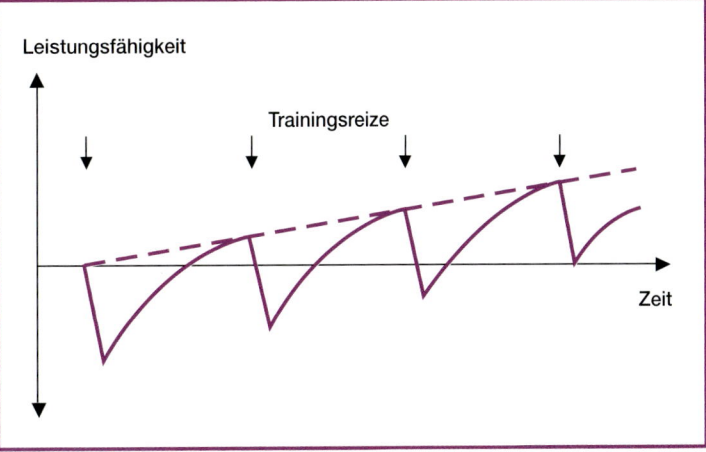

Belastungskomponenten

Die nachfolgend geschilderten Trainingsmethoden der einzelnen konditionellen Fähigkeiten setzen sich aus Belastungskomponenten und deren gezielter Veränderung zusammen:
- Reizintensität als Stärke des einzelnen Reizes (Prozentsatz der Maximalleistung)
- Reizdauer als die Zeitdauer, mit der ein Reiz oder eine Reizserie wirkt (Zeit oder Wiederholungszahl)
- Reizdichte als das zeitliche Verhältnis von Belastungsphasen und Pausen (Pausencharakter und Pausendauer)
- Reizumfang als die Dauer und Zahl aller Reize einer Trainingseinheit (Gesamtwiederholungen oder Serien)
- Trainingshäufigkeit als Zahl der Trainingseinheiten pro Woche

Für die Erzielung eines speziellen Trainingseffekts ist die Gewichtung der entsprechenden Belastungskomponenten entscheidend.

Allgemeine Trainingsprinzipien

Zur Sicherung eines kontinuierlichen Fortschritts ohne Stagnation sollten im Konditionstraining folgende Prinzipien berücksichtigt werden:

Prinzip der ansteigenden Belastung
Um letztendlich einen Leistungszuwachs als Folge der biologischen Anpassung zu erzielen, müssen Umfang und Intensität des Trainings insgesamt im Lauf der Zeit gesteigert werden.

Prinzip der kontinuierlichen Belastung
Um diesen Leistungszuwachs bis zur Leistungsgrenze fortzusetzen, muß regelmäßig trainiert werden.

Prinzip der periodisierten Belastung
Die Belastung kann nicht das ganze Jahr über laufend gesteigert werden, der Organismus benötigt auch Phasen der Erholung. Deshalb muß das Trainingsjahr in sogenannte Perioden eingeteilt werden.

Prinzip der wechselnden Belastung
Die Effektivität des Trainings wird beeinträchtigt, wenn immer die gleichen Methoden und Übungen angewendet werden. Deshalb muß variabel trainiert werden.

Verbesserung der Leistungsfähigkeit durch optimal gesetzte Trainingsreize

THEORETISCHE GRUNDLAGEN

Aufwärmen

Viele Verletzungen im Training und beim Klettern sind auf mangelhaftes oder fehlendes Aufwärmen zurückzuführen.

Das Aufwärmen sollte deshalb nicht nur für leistungsorientierte Sportkletterer eine Selbstverständlichkeit sein, sondern auch beim Klettern in den unteren und mittleren Schwierigkeitsbereichen Anwendung finden.

Ein sinnvoll gestaltetes Aufwärmprogramm hat folgende nachweisbare Vorteile:
- Verringerung der Verletzungsgefahr von Muskeln, Sehnen und Bändern
- verbesserte Ausschöpfung aller konditionellen Fähigkeiten
- verbesserter Einsatz der Bewegungstechniken und der koordinativen Fähigkeiten
- Erhöhung der psychischen Leistungsbereitschaft

Für das Aufwärmen sollte eine durchschnittliche Gesamtzeit von 15–20 Minuten veranschlagt werden.

Folgender Aufbau hat sich in der Praxis bewährt:
- Begonnen wird mit einer Anregung der Herz-Kreislauf-Tätigkeit und Atmung durch eine 5-10minütige leichte Ganzkörperbelastung wie z. B. Laufen. Beim alpinen Fels- und Sportklettern ist diese durch den Zustieg bereits abgedeckt.
- Es folgt eine Vorbereitung der Muskulatur, der Sehnen und Bänder auf die Belastung durch gymnastische Übungen und Stretching (siehe S. 108).
- Den Abschluß des Aufwärmens bildet eine Ausführung der Trainingsübungen mit leichten Belastungen oder vor dem Begehen einer schweren Kletterroute ein Einklettern in leichteren Routen bzw. im Einstiegsbereich.
- Wird die maximale Leistungsfähigkeit benötigt, so folgen nach dem Aufwärmen noch kurzzeitige maximalkräftige Züge für die Finger und evtl. für die Oberkörpermuskulatur (intramuskuläre Koordinationseffekte).

Training der konditionellen Fähigkeiten

Aus dem Training aller leistungsbestimmenden Faktoren soll das Training der konditionellen Fähigkeiten Maximalkraft, Maximalkraftausdauer, Kraftausdauer und der Beweglichkeit herausgegriffen werden, da eine weitergehende Betrachtung den vorgegebenen Rahmen sprengen würde. Hier sei auf die ebenfalls im BLV-Verlag erschienene umfangreiche Trainingsliteratur verwiesen, die zudem weiterführende Informationen zum Training der konditionellen Fähigkeiten liefert.

Krafttraining

Beim Fels- und Sportklettern liegt innerhalb der verschiedenen Kraftbeanspruchungen sowohl eine dynamische oder bewegende Muskelarbeit wie etwa beim Klimmzug als auch eine statische oder haltende Muskelarbeit wie z. B. beim Fixieren eines Griffes vor. Beide Muskelarbeitsweisen müssen in einem sinnvoll gestalteten Krafttraining mit entsprechenden dynamischen oder statischen (isometrischen) Trainingsmethoden angesprochen werden. Die jeweils dargestellten Trainingsmethoden haben sich nach der langjährigen Erfahrung von Spitzenkletterern für das Fels- und Sportklettern besonders bewährt.

Training

Training der Maximalkraft

> Die Maximalkraft ist die höchstmögliche Kraft, die ein Muskel gegen einen Widerstand entwickeln kann.

Eine Steigerung der Maximalkraft kann über drei unterschiedliche Trainingsarten erreicht werden:
- Ein Muskelaufbautraining, das eine Zunahme des Muskelquerschnitts bedingt. Diese Trainingsart ist aufgrund der vergleichsweise niedrigen Intensitäten für Anfänger und Jugendliche besonders geeignet. Beim Fels- und Sportklettern sollte jedoch immer die Relation aus Maximalkraftniveau und Körpergewicht (relative Kraft) berücksichtigt werden.
- Ein intramuskuläres Koordinationstraining, das eine Verbesserung des Zusammenspiels der einzelnen Muskelfasern innerhalb des Muskels bewirkt, ohne diesen gleichzeitig zu verdicken.
- Ein kombiniertes Training, wobei sowohl der Muskelquerschnitt vergrößert als auch die intramuskuläre Koordination verbessert werden.

Auf die Maximalkraft ungünstige Effekte hat das (laktazide) Kraftausdauertraining (siehe S. 106); daher sollten beide Formen nicht zusammen trainiert werden.

Training der Maximalkraftausdauer

> Spielt sich die Kraftleistung in einem hohen Intensitätsbereich über eine längere Dauer (ca. 5–30 Sekunden) ab, so spricht man von Maximalkraftausdauer.

Die Maximalkraftausdauer ist in erster Linie von der Maximalkraft und erst in zweiter Linie von der anaeroben Energiebereitstellung unter Milchsäurebildung abhängig. Trainingsmethoden zur Steigerung der Maximalkraftausdauer sind denjenigen zur Steigerung der Maximalkraft über ein Muskelaufbautraining sehr ähnlich, doch wird über eine länger andauernde Belastung ein völliger Erschöpfungszustand der betroffenen Muskulatur angestrebt.
Leistungsbestimmend ist die Maximalkraftausdauer beim Sportklettern in den oberen Schwierigkeitsbereichen, weshalb sie von trainingserfahrenen Kletterern gezielt trainiert werden sollte.

Methoden des Maximalkrafttrainings

Methoden für		
Muskelaufbautraining	intramuskuläres Koordinationstraining	kombiniertes Training
dynamische Standardmethode	statische Methode mit maximaler Anpassung	Pyramidenmethode (siehe Abbildung S. 106)
Intensität: 70–80% der Maximalleistung	Intensität: 90–100% der Maximalspannung	Intensität: 70%, 75%, 80%, 90%, 95% der Maximalleistung
Dauer: 8–12 Wiederholungen pro Serie	Dauer: 5–6 Sekunden Anspannungszeit	Dauer: 10–12, 8–10, 6–8, 2–4, 1–2 Wiederholungen
Dichte: vollständige Pausen, 3–5 Minuten	Dichte: vollständige Pausen, 3 Minuten	Dichte: vollständige Pausen, 3–5 Minuten
Umfang: 3–5 Serien	Umfang: 5–6 Wiederholungen	Umfang: 6 Serien
Besonderer Hinweis: langsames bis mittleres Bewegungstempo	Besonderer Hinweis: Betreffende Muskelgruppe speziell aufwärmen.	Besonderer Hinweis: Kann auch statisch gestaltet werden.

THEORETISCHE GRUNDLAGEN

Methoden des Maximalkraftausdauertrainings

Dynamische Standardmethode mit maximaler Arbeitsdauer und maximalem Umfang	Wiederholungsmethode mit maximaler Arbeitsdauer an Kletterstellen (Anwendungsphase)
Intensität: 60–75% der Maximalleistung	Intensität: submaximal
Dauer: 10–15 Wiederholungen pro Serie	Dauer: jeweils bis zur lokalen Erschöpfung
Dichte: vollständige Pause, 3–5 Minuten	Dichte: vollständige Pause, 3–6 Minuten
Umfang: 5–6 Serien	Umfang: 3–6 Anwendungsphasen
Besonderer Hinweis: Ein völliger Erschöpfungszustand der Muskulatur wird durch nicht mehr korrekte oder unvollständige Wiederholungen erreicht, die evtl. durch Partner unterstützt werden.	Besonderer Hinweis: Die Intensität kann durch den Schwierigkeitsgrad der Kletterstellen, Griff- und Trittgrößen, die Wandneigung und Zusatzlasten gestaltet werden. Ein gezieltes Ansprechen bestimmter Muskelgruppen muß durch den Charakter der Kletterstellen und -routen erreicht werden.

Pyramidenmethode als kombiniertes Training

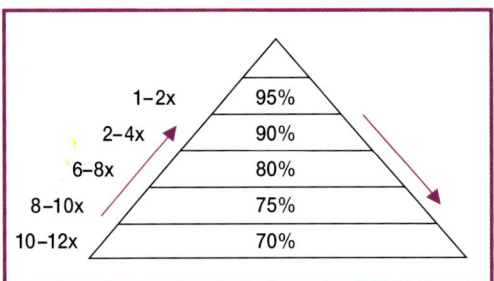

Training der Kraftausdauer
Die Kraftausdauer ist von der Maximalkraft

> **Die Kraftausdauer ist die Fähigkeit, eine Kraftleistung über möglichst lange Dauer zu erbringen.**

und der Fähigkeit zur Energiebereitstellung auf anaerobem Weg, also ohne Verbrennung von Sauerstoff bei der Energiegewinnung in der Muskulatur, abhängig. Ein effektives Training der Kraftausdauer geschieht deshalb über Trainingsmethoden, die vor allem die Energiebereitstellung auf anaerobem Weg unter Bildung von Milchsäure trainieren. Trainingsziel ist dabei, den Effekt der Übersäuerung in der Muskulatur bei vergleichbarer Kraftleistung soweit wie möglich hinauszuzögern.
In der Trainingspraxis hat sich vor allem das Training der Kraftausdauer beim Bouldern oder Routentraining bewährt; es wird somit in der Anwendungsphase trainiert.

Hinweise zur Gestaltung des Krafttrainings
Die hauptsächlich beanspruchten Muskelgruppen für das Fels- und Sportklettern sind die Finger-, Hand-, Unter- und Oberarmmuskeln, die im Krafttraining besonders angesprochen werden müssen. Doch auch die Schulter-, Brust-, Bauch-, Rücken-, vordere Oberschenkel- und hintere Unterschenkelmuskeln sollten im Krafttraining erfaßt werden. Ein entsprechendes Repertoire an Übungen für das Krafttraining der einzelnen Muskelgruppen kann der einschlägigen Trainingsliteratur entnommen und sollte nach individuellen praktischen Erfahrungen zusammengestellt werden.
Im folgenden sind einige Tips aus der Trainingspraxis zusammengestellt, die vor allem helfen sollen, Verletzungen beim Krafttraining zu vermeiden.

Training

Methoden des Kraftausdauertrainings

Statische intensive Intervallmethode	Wiederholungsmethode mit maximaler Arbeitsdauer an Kletterstellen (Anwendungsphase)
Intensität: 60–70% der Maximalleistung	Intensität: gering bis mittel
Dauer: 25–35 Sekunden Anspannungszeit	Dauer: jeweils bis zur lokalen Erschöpfung
Dichte: unvollständige Pause, 2–3 Minuten	Dichte: vollständige Pause, 9–12 Minuten
Umfang: 12–15 Wiederholungen	Umfang: 3–5 Anwendungsphasen
Besonderer Hinweis: Kann auch dynamisch-langsam gestaltet werden; die Intensität ist in diesem Fall 10–15% niedriger.	Besonderer Hinweis: Die Intensität kann auch durch den Schwierigkeitsgrad der Kletterstellen, Griff- und Trittgrößen, die Wandneigung und Zusatzlasten gestaltet werden. Ein gezieltes Ansprechen bestimmter Muskelgruppen muß durch den Charakter der Kletterstellen und -routen erreicht werden.

Praxistips:

- Um die in Prozentwerten angegebenen Reizintensitäten zu ermitteln, müssen einfache Tests durchgeführt werden. Bei dynamischer Arbeitsweise entsprechen 100% Maximalleistung einer Wiederholung mit maximaler Belastung. Schafft ein Kletterer mit 70 kg Körpergewicht und 20 kg Zusatzgewicht gerade einen Klimmzug, so entspricht die Summe von 90 kg seiner Maximalleistung von 100%. Bei einer beabsichtigten Intensität von 80% muß er deshalb mit 72 kg Gesamtgewicht, d. h. mit 2 kg Zusatzgewicht, trainieren. Um Anfängern diesen Test zu ersparen, kann bei dynamischen Übungsformen auch angenommen werden, daß maximal 10 mögliche Wiederholungen einer Übung einer Intensität von 70% entsprechen. Bei statischer Arbeitsweise entsprechen 100% Maximalspannung einer gerade noch möglichen Haltezeit von 2–3 Sekunden mit maximaler Belastung. Die Berechnung erfolgt dann auf die gleiche Weise wie oben beschrieben.
- Anfänger sollten sich innerhalb der verschiedenen Trainingsmethoden an den unteren Werten bzw. bei den Pausenzeiten an den oberen Werten der Belastungskomponenten orientieren. Nach verletzungsbedingten Trainingsunterbrechungen ist es sinnvoll, die Intensitäten um bis zu 20% nach unten zu verschieben bzw. die Pausen entsprechend zu verlängern.
- Vor den Krafttests und vor dem Kraft- oder Klettertraining sorgfältig aufwärmen.
- Schmerzen in der Muskulatur, in Sehnen oder Bändern können auf eine Verletzung hindeuten. In diesem Fall muß die Übung bzw. das Training abgebrochen werden.
- Nachgebende Bewegungsphasen sollen in jedem Fall langsam erfolgen.
- Achtung bei Übungen, die die Lendenwirbelsäule belasten.
- Bei dynamischen Belastungen tief und ruhig weiteratmen; Preßatmung sollte vermieden werden.
- In den Pausen Muskulatur lockern und evtl. leicht dehnen.
- Nach jedem Training abwärmen. Mit einer leichten muskulären Abschlußbelastung, lockerem Auslaufen und einigen Lockerungsübungen können Stoffwechselschlacken abgebaut werden; der Organismus kann sich besser erholen.

THEORETISCHE GRUNDLAGEN

Beweglichkeitstraining

Die Beweglichkeit ist die Fähigkeit, die Bewegungsmöglichkeit der Gelenke aktiv und passiv optimal zu nützen.

Die Beweglichkeit, auch Gelenkigkeit oder Flexibilität genannt, hat für das Fels- und Sportklettern eine sehr große Bedeutung. Der Kletterer muß in der Lage sein, Arme und Beine in teilweise extreme Gelenkstellungen zu bewegen, diese Stellungen zu halten und aus solchen Stellungen heraus Kraft zu entwickeln.

Innerhalb der Beweglichkeit unterscheidet man zwischen der aktiven Beweglichkeit, die durch eigene Muskelkraft erzeugt wird, wie z. B. das Anheben des Beines in eine weite Spreizstellung, und der passiven Beweglichkeit, die durch das Einwirken äußerer Kräfte, wie z. B. dem Körpergewicht beim Spagat, hervorgerufen wird.

Begrenzt wird die Beweglichkeit durch die Gelenkformen, die Muskelmasse, das Zusammenspiel der anteiligen Muskeln, die Temperatur von Muskeln, Sehnen und Bändern und die Steuerungsprozesse des Nervensystems.

Die Beweglichkeit ist grundsätzlich abhängig vom Alter und vom Geschlecht. Kinder und Jugendliche haben eine bessere allgemeine Beweglichkeit, die ohne gezieltes Training mit zunehmenden Alter abnimmt. Frauen sind im allgemeinen beweglicher als Männer.

Die folgenden Trainingsmethoden der aktiven und passiven Beweglichkeit sind für das Fels- und Sportklettern besonders zu empfehlen.

Methoden des Beweglichkeitstrainings

Methoden für		
passive Beweglichkeit	passive Beweglichkeit	aktive Beweglichkeit
statisch-passives Dehnen	statisches Dehnen nach isometrischer Anpassung, CHRS-Methode	statisch-aktives Dehnen
Dehnungstechnik: 1. Langsame Steigerung der Dehnungsintensität bis zu einem leicht ziehenden Dehnungsschmerz (Schmerzgrenze) 2. Halten der Dehnung über 10–30 Sekunden	Dehnungstechnik: 1. Langsames und kontinuierlich gesteigertes, isometrisches Anspannen des anschließend zu dehnenden Muskels = **C**ontract 2. Halten der maximalen Spannung für 5–8 Sekunden = **H**old 3. Schlagartiges Entspannen des Muskels für 2–3 Sekunden = **R**elax 4. Passives Dehnen, Halten der Dehnung über 10–20 Sekunden = **S**tretch	Dehnungstechnik: Dehnen unter Einsatz der Muskeln, die den zu dehnenden Muskeln entgegengerichtet sind; diese Form des Beweglichkeitstrainings bewirkt in erster Linie eine Kräftigung der Antagonisten Dauer: 12–15 Wiederholungen pro Serie bei steigender Dehnungsintensität
Umfang: 4–6 Wiederholungen pro Muskelgruppe	Umfang: 3–6 Wiederholungen	Umfang: 2–3 Serien
Besonderer Hinweis: Die Dehnung wird durch äußere Kräfte erreicht.	Besonderer Hinweis: In allen Phasen völlig normal weiteratmen.	Besonderer Hinweis: Die Dehnungsstellungen werden jeweils durch eigene Kräfte erreicht.

Training

Hinweise zur Gestaltung des Beweglichkeitstrainings

Der Fels- und Sportkletterer muß vor allem über eine gute Beweglichkeit im Hüft- und im Schultergelenk verfügen. Ein gut aufgebautes Beweglichkeitstraining sollte jedoch auch die Hand-, Finger- und Fußgelenke erfassen. Sinnvolle Übungen für das Beweglichkeitstraining von Muskeln, Sehnen und Bändern innerhalb der einzelnen Gelenke können der Trainingsliteratur entnommen werden. Die Zusammenstellung sollte sich nicht am gewohnten, teilweise unsinnigen »Einheitsbrei« anderer Kletterer orientieren, sondern nach den eigenen Praxiserfahrungen über die Zeit reifen, wobei die Vermeidung von Verletzungen im Vordergrund steht.

Praxistips:

- Vor der Trainingseinheit aufwärmen.
- Den Körper mit entsprechender Kleidung im Training warmhalten.
- Kein Beweglichkeitstraining in einem stark ermüdeten Zustand!
- Das Beweglichkeitstraining behutsam beginnen und die Intensität langsam steigern.
- Zwischen den Dehnübungen immer Lockerungsübungen durchführen.
- Schmerzen in der Muskulatur, in Sehnen oder Bändern können auf eine Verletzung hindeuten. In diesem Fall muß die Übung bzw. das Training abgebrochen werden.
- Nach jedem Training abwärmen. Mit einer leichten muskulären Abschlußbelastung, lockerem Auslaufen und einigen Lockerungsübungen können Stoffwechselschlacken abgebaut werden; der Organismus kann sich besser erholen.

Trainingssteuerung

Um eine effektive Gestaltung des Trainings der konditionellen Fähigkeiten und das damit verbundene Ziel einer tatsächlichen Leistungssteigerung zu sichern, muß das Training geplant und gesteuert werden.

Die untenstehende Tabelle zeigt die Aufgliederung in Planungsabschnitte und Zeiträume der Trainingssteuerung.

Kurzfristige Trainingssteuerung

Durch eine kurzfristige Trainingssteuerung werden in erster Linie die notwendigen Regenerationszeiten zwischen den einzelnen Trainingseinheiten gesichert, was die Leistungsfähigkeit kontinuierlich verbessert und die Gefahr eines Übertrainings vermeidet.

Bei der Gestaltung eines Wochentrainingsplans oder Mikrozyklus sollte man sich grundsätzlich auf das Training einer bestimmten Kraftart festlegen, höchstens jedoch zwei Kraftarten parallel trainieren. Gut verbinden

Planungshauptabschnitt	gliedert sich in:	Planungsteilabschnitte	
Mehrjahreszyklus	→	Jahreszyklen (2–8)	langfristige Steuerung
Jahreszyklus	→	Perioden (Vorbereitungs-, Wettkampf-, Übergangsperioden)	
Perioden	→	Makrozyklen (Etappen) (à 3–5 Wochen)	mittelfristige Steuerung
Makrozyklus	→	Mikrozyklen (à 1 Woche)	
Mikrozyklus	→	Tageszyklen	kurzfristige Steuerung
Tageszyklus	→	Trainingseinheiten	
Trainingseinheit	→	Trainingsabschnitte (Aufwärmen, Hauptteile, Ausklang)	

Planungsabschnitte und Zeiträume der Trainingssteuerung

THEORETISCHE GRUNDLAGEN

Regenerationszeiten und Trainingshäufigkeiten im Krafttraining

Trainingsbelastung durch	Regenerationszeiten	Trainingshäufigkeit
Maximalkrafttraining (Muskelaufbautraining)	48–60 Stunden	3–4 Trainingseinheiten pro Woche
Maximalkrafttraining (intramuskuläres Koordinationstraining)	48–72 Stunden	2–3 Trainingseinheiten pro Woche
Kraftausdauertraining	48–72 Stunden	2–3 Trainingseinheiten pro Woche
Maximalkraftausdauertraining	48–60 Stunden	3–4 Trainingseinheiten pro Woche

läßt sich beispielsweise das Maximalkrafttraining mit dem Training der Maximalkraftausdauer in der Anwendungsphase, also beim Klettern selbst.

Vor Klettertagen sollten die angegebenen Regenerationszeiten unbedingt eingehalten werden. Das Beweglichkeitstraining erfolgt unabhängig vom Krafttraining täglich, mindestens jedoch jeden zweiten Tag, um eine ausreichende Trainingswirkung zu sichern.

Mittelfristige Trainingssteuerung

Soll eine Kraftart gezielt aufgebaut werden, so ist es interessant zu wissen, ab wann ein objektiv feststellbarer Leistungszuwachs vorliegt und wie lange die Kraftart überhaupt gesteigert werden kann.

Entsprechend sollte man in den Makrozyklen vorrangig eine Kraftart ansprechen, bevor man sich dem Training der nächsten widmet. Die Aneinanderreihung mehrerer Makrozyklen ergibt dann eine Periode.

Bei der Entwicklung der Maximalkraft benötigt man für einen objektiv feststellbaren Leistungszuwachs im Muskelaufbautraining 18–24 Trainingseinheiten (TE) oder 6–8 Wochen bei 3 TE pro Woche. Keine nennenswerten Trainingswirkungen erzielt man mehr nach 40–48 TE oder 14–16 Wochen. Im intramuskulären Koordinationstraining tritt ein Leistungszuwachs schon nach 9–12 TE oder 3–4 Wochen ein. Der sogenannte Deckeneffekt, der den Zeitpunkt anzeigt, nach dem die Trainingswirkung stagniert, ist bereits nach 24–32 TE oder 8–10 Wochen erreicht. Beim Training der Kraftausdauer kann mit einem objektiv feststellbaren Leistungszuwachs nach 15–18 TE oder 5–6 Wochen gerechnet werden. Ein Deckeneffekt tritt nach Erfahrungen aus der Trainingspraxis spätestens nach 30–36 TE oder 10–12 Wochen ein. Die Zeitspannen für Leistungszuwachs bzw. Deckeneffekt im Maximalkraftausdauertraining verhalten sich ähnlich denen des Muskelaufbautrainings.

Bei der mittelfristigen Trainingssteuerung sollte zudem berücksichtigt werden, daß sich der Leistungszuwachs aus dem Krafttraining frühestens nach 2–3 Wochen in der Kletterleistung niederschlägt.

Langfristige Trainingssteuerung

Da die Leistungsfähigkeit beim Fels- und Sportklettern nicht über einen beliebig langen Zeitraum aufrechterhalten werden kann, empfiehlt sich die Aufgliederung des Trainingsjahres in Perioden mit unterschiedlicher Zielsetzung. Dies ist vor allem für Sportkletterer oder Wettkampfkletterer im oberen Leistungsbereich interessant. Die Periodisierung des Trainingsjahres sollte mit kompetenter Unterstützung durch einen qualifizierten Trainer sehr individuell auf den Spitzenkletterer zugeschnitten werden.

Zuletzt sollte in der langfristigen Trainingssteuerung noch der kontrollierte Aufbau des Leistungsniveaus über mehrere Jahre berücksichtigt werden. Die abschließende Tabelle zeigt idealisiert die Trainingsstufen mit Zeiträumen und durchschnittlichen Trainingshäufigkeiten.

Training

Trainingsstufe	Zeitraum in Jahren	Trainingshäufigkeit pro Woche
Grundlagentraining (Anfängerstufe)	2–3 Jahre	2–3
Aufbautraining (Fortgeschrittenenstufe)	2–4 Jahre	4–5
Hochleistungstraining (Könnerstufe)	2–3 Jahre	6–8
Höchstleistungstraining (Spitzenathleten)	nach ca. 6–9 Jahren	8–10

Trainingsstufen mit Zeiträumen und Trainingshäufigkeiten

Bouldertraining an der Kletterwand

Umwelt- und Naturschutz

UMWELT- UND NATURSCHUTZ

Das Klettern in seinen verschiedenen Ausprägungsformen zählt zu den Natursportarten, die seit den achtziger Jahren einen starken Aufschwung erfahren haben. Es sind in dieser Zeit nicht nur mehr Sportler geworden, auch Routenzahl und Häufigkeit der Besuche haben erheblich zugenommen.

Wurden früher die Klettergebiete in den Mittelgebirgen fast ausschließlich zu Trainingszwecken für alpine Klettertouren besucht, so sind sie heute zum bevorzugten Zielgebiet der Sportkletterer geworden.

Unverändert geblieben ist jedoch die Freude an der Bewegung in der freien Natur. Gerade beim Klettern findet eine intensive körperliche und geistige Auseinandersetzung nicht nur mit sich selbst, sondern auch mit der natürlichen Umgebung statt. Das ist eine der wichtigen Voraussetzungen, um sich für den Erhalt unserer bedrohten Umwelt einsetzen zu wollen und zu können.

Die Felsen der deutschen Mittelgebirge bedürfen intensiver Schutzanstrengungen. Denn nicht nur Luftschadstoffe bedrohen dort großflächig eine in Mitteleuropa einmalige Flora und Fauna, auch eine übermäßige Nutzung durch Klettersportler und Wanderer kann punktuell zu Schäden führen.

Die Entwicklung der letzten Jahre hat zu schwerwiegenden Konflikten zwischen Naturschützern und Naturnützern geführt. Der Deutsche Alpenverein hat daher ein wohldurchdachtes Schutzkonzept für Felsen in den deutschen Mittelgebirgen entwickelt und dieses gemeinsam mit der Interessengemeinschaft (IG) Klettern bereits an vielen Orten umgesetzt.

Auf den folgenden Seiten werden einige praktische Naturschutztips vorgestellt: für das Klettern an unseren heimatlichen Mittelgebirgsfelsen, für den Weg von zu Hause zum Klettergebiet oder auch für Touren in den Alpen. Diese Ratschläge orientieren sich am Ablauf eines Kletterausflugs, also von der Anfahrt über den Zustieg und das Klettern bis hin zur Übernachtung. Nach einer kurzen Einführung in die jeweilige Problematik folgt das Wichtigste zur rechtlichen Situation. Vor allem aber wird darauf eingegangen, was der Sportler selbst zum Schutz der Pflanzen und Tiere an Kletterfelsen beitragen kann.

UMWELT- UND NATURSCHUTZ IN DEN MITTELGEBIRGEN

Anreise

Situation

Die Anreise zu den Klettergebieten in den Mittelgebirgen erfolgt meistens mit dem Auto, oft von weit her. Öffentliche Verkehrsmittel werden kaum genutzt, weil sie im Vergleich mit dem Auto als zu teuer oder zu unbequem gelten. Eigentlich sind jedem die Folgewirkungen des Autoverkehrs bekannt: Waldsterben, Sommersmog, Ozonloch und Klimaerwärmung. Dennoch werden nur zögerlich Verbesserungen in Angriff genommen. Sowohl in der Politik als auch im Privaten ist das Umdenken in Sachen Verkehr noch unzureichend entwickelt.

Vor Ort in den Klettergebieten kann es zu Problemen mit Anwohnern kommen, wenn Autos Einfahrten versperren, Wege für Traktoren oder Mähdrescher unpassierbar machen oder eine Wiese als Parkplatz genutzt wird. Zudem fühlen sich Anwohner in der Nähe von Felsen immer häufiger durch Lärm und Abgase von an- und abfahrenden Autos und durch Türenschlagen gestört.

Konflikt:
- Beitrag zur globalen Umweltbelastung durch zu häufiges Benutzen des Autos
- Belästigung der Anwohner durch Autolärm, Autoabgase, kreuz und quer geparkte Autos, zerfahrene Wiesen

Recht:
- Das Parken auf Privatgrundstücken ist nicht automatisch erlaubt. Hat der Grundstückseigentümer ein Verbotsschild angebracht, muß dieses auch respektiert werden.
- Auch auf unbefestigten Wegen gilt die Straßenverkehrsordnung, so daß ein behinderndes Fahrzeug durchaus abgeschleppt werden kann.

Umwelt- und Naturschutz in den Mittelgebirgen

Praxistips:
- Die Anreise mit öffentlichen Verkehrsmitteln ist nicht nur umweltfreundlicher, sondern auch weniger anstrengend. Insbesondere die Kombination Bahn und Fahrrad bietet sich fürs Klettern an. Die Fahrt mit dem Fahrrad ins Klettergebiet eröffnet ein völlig anderes Landschaftserlebnis.
- Fahrgemeinschaften sind zum einen billiger, zum anderen bieten sie eine umweltbewußtere Anreisemöglichkeit, falls die Klettergebiete mit öffentlichen Verkehrsmitteln schlecht erreichbar sind.
- Für einen umweltbewußten Kletterer sollten Klettermeter und Anfahrtskilometer in einem verantwortbaren Verhältnis stehen. Dies gilt insbesondere für weite Fahrten in französische oder italienische Klettergebiete.
- Vorhandene ausgewiesene Parkplätze nutzen, auch wenn der Weg zu den Felsen dann etwas länger ist.
- Wenn auf Privatgrundstücken geparkt werden muß, kann eine Anfrage beim Besitzer nicht schaden.
- Nicht in Wiesen und Feldern zu parken ist eigentlich eine Selbstverständlichkeit.

Informationen zu Bahnverbindungen:
- Kursbuch der Deutschen Bahn AG (DB)
- elektronische Städteverbindungen der DB auf einer Diskette
- elektronisches Kursbuch der DB auf CD-ROM

Informationen zu Busverbindungen:
- Fremdenverkehrsämter (oft auch Infos zu Kleinbustaxis)
- Busfahrplan der DB

Info-Material der DB erhalten Sie an vielen Bahnschaltern oder beim
DB-Bestellcenter
Postfach 11 57
53821 Troisdorf

Weg zu den Felsen

Situation

In der Nähe von Felsen ist der Boden meist flachgründig, d. h., nur wenige Zentimeter Boden und Humus bedecken das anstehende Gestein. Überlegte Zustiegswege verhindern Trittbelastungen für Flora und Fauna, die in ungünstigen Fällen auch zu Erosionsschäden führen können. Sind keine Wege vorhanden, muß sich jeder seinen eigenen Zustieg zum Felsen suchen, so daß ein Netz an kleinen und kleinsten Pfaden entsteht.

Konflikt:
- Trittbelastung führt zur Veränderung der Vegetation. Das kann bis hin zu ihrer Zerstörung gehen. Damit ist auch der Lebensraum für viele Kleinlebewesen verloren. Senkrecht zum Hang verlaufende Trampelpfade verursachen oftmals Bodenerosion.
- Ein diffuses Wegenetz erhöht unnötig die Trittbelastung und führt zu einer flächenmäßig größeren Beunruhigung.

Recht:
- In allen Schutzgebieten, wie z. B. in Nationalparks oder Naturschutzgebieten, besteht ein Wegegebot, d. h., die Wege dürfen nicht verlassen werden.
- Einige Vegetationseinheiten besitzen einen gesetzliche Schutzstatus, auch wenn sie nicht in Schutzgebieten liegen. Halbtrockenrasen, Geröllhalden und die Felsen selbst werden zu den nach dem Bundesnaturschutzgesetz geschützten Biotopen gerechnet.
- Das freie Betretungsrecht der Natur gilt nicht, wenn es sich um ein eingezäuntes Privatgrundstück handelt. Werden landwirtschaftlich genutzte Flächen zertrampelt, kann der Bauer für den entstandenen Flurschaden einen Schadenersatz verlangen. Wiesen dürfen in der Zeit von 1. Mai bis 1. Oktober nicht betreten werden.

Praxistips:
- Info-Tafeln und Hinweisschilder von DAV und IG Klettern zeigen den bequemsten und kürzesten Weg zum Klettergebiet.

UMWELT- UND NATURSCHUTZ

Lebensraum für Pflanze, Tier und Mensch
Differenzierte Konfliktlösungen im Felsbiotop

Oft setzt sich ein Felsbiotop wie eine Art Puzzle aus einer Vielzahl von Teilbiotopen zusammen. Je nach Exposition, Steilheit und Struktur des Felses bilden sich Kleinstbiotope. So finden wir wenige Meter neben einem steilen, unbewachsenen Wandbereich auf einer besonnten Felsterrasse mit ausreichender Erdauflage ein wahres Pflanzenparadies. Die folgenden, von Kletterverbänden empfohlenen Maßnahmen gewährleisten sowohl das Überleben der Pflanzen- und Tierwelt im Felsbiotop als auch eine befriedigende Ausübung des Klettersports.

❶ Um Fauna und Vegetation in der Geröllhalde unter den Felsen zu schützen, wird ein durchdachtes System von Pfaden zu den Felsen angelegt.

❷ Felszonen, in denen das Beklettern den Bestand einer Art gefährden würde, werden stillgelegt. Gesperrter und offener Felsbereich werden mit bundesweit einheitlichen Symbolen gekennzeichnet (Kreuz ⊗ bzw. Pfeil ▶).

❸ Unterhalb der ökologisch sensiblen Felsköpfe werden Umlenkhaken angebracht. Der Abstieg erfolgt durch Ablassen oder Abseilen über die Aufstiegsroute.

❹ Während der Brut- und Aufzuchtzeit von geschützten felsbewohnenden Vogelarten wird eine zeitlich befristete Sperrung verhängt. Diese Maßnahme leistet einen wichtigen Beitrag zum Überleben des Wanderfalken in Deutschland.

Das Felsbiotop als Lebensraum für Pflanze, Tier und Mensch

- Vorhandene markierte Wege sollten unbedingt benützt werden, auch wenn ein noch so schöner Abkürzer lockt.
- Nicht durch Wiesen mit hochstehendem Gras oder durch Äcker laufen – das fördert nicht gerade das Image der Kletterer.

Wandfuß/Einstieg

Situation

Der Wandfuß stellt einen klimatisch begünstigten Sonderstandort dar, an dem viele Kleintiere – Insekten, Spinnen, Schnecken – leben. Auch Reptilien halten sich hier bevorzugt auf. So werden sonnenbeschienene Sandflächen im Einstiegsbereich von der Mauereidechse zur Ablage von Eiern genutzt.
Trittschäden im direkten Einstiegsbereich der Routen sind in fast allen Klettergebieten deutlich zu erkennen. Hier halten sich die Kletterer am meisten auf, hier werden die Rucksäcke abgelegt, wird gesichert und Pause gemacht. Vereinzelt werden Bäume am Einstieg entfernt, damit Klettertouren nach Regenfällen schneller abtrocknen. Dank gesteigerten Umweltbewußtseins wird Müll in den Klettergebieten heute so gut wie nicht mehr angetroffen. Eutrophierung (Anreicherung mit Nährstoffen) ist dagegen im Einstiegsbereich immer wieder sichtbar, da oft noch schnell die Notdurft verrichtet wird. Brennesseln und andere Nährstoffzeiger (z. B. Schöllkraut und Löwenzahn) häufen sich und verdrängen weniger nährstoffliebende Pflanzen.

Konflikt:
- Extreme Trittbelastung in den Einstiegsbereichen führt zur Zerstörung der Pflanzendecke und zu Bodenerosion. Auf den Standort Wandfuß angewiesene Tiere werden dadurch beeinträchtigt.
- Nährstoffliebende Pflanzen werden gefördert, andere zurückgedrängt.

Recht:
- Das Fällen von Bäumen ist nicht jedermann erlaubt. Der Grundbesitzer, die untere Naturschutz- bzw. Landschaftsbehörde und die Forstverwaltung müssen vorher gefragt werden.

Praxistips:
- In vielen Klettergebieten wurden bereits ökologisch sensible Flächen an den

Umwelt- und Naturschutz in den Mittelgebirgen

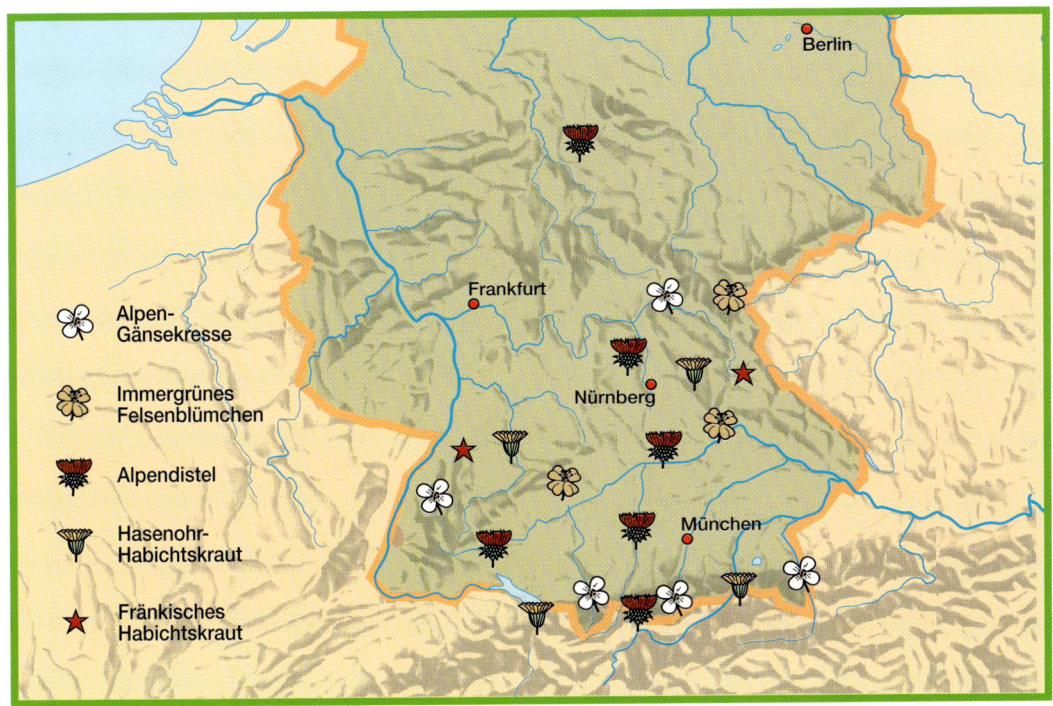

Rückzug der alpinen Flora in die eisfreien Bereiche während der Eiszeit

Einstiegen durch Kletterer in ehrenamtlicher Eigenarbeit saniert und entsprechende Regelungen durch die »Arbeitskreise Klettern & Naturschutz« (AKN) aufgestellt. Eine Mißachtung dieser Regeln kann ein mühsam aufgebautes Vertrauensverhältnis zwischen Kletterer und Naturschutzbehörden und -verbänden nachhaltig stören!
- Keinen Müll liegen zu lassen versteht sich von selbst – auch Zigarettenkippen zählen dazu …
- Nicht nur der Umwelt wegen: Die Notdurft nicht direkt an den Felsen verrichten.

Felswand

Situation

Felsen sind eine unserer letzten Urlandschaften. Sie sind in ihrer Einmaligkeit vergleichbar mit einem unberührten Moor oder Urwald. Alle anderen Flächen in Mitteleuropa, seien es nun Wälder oder Wiesen, wurden vom Menschen umgeformt und geprägt. Sie werden daher »Kulturlandschaft« genannt. Die Felsen der Mittelgebirge bezeichnen Fachleute dagegen als sogenannte Reliktstandorte.

Während der letzten Eiszeit wurden viele Pflanzen von den aus Süden und Norden vordringenden Eismassen ins eisfreie Flachland abgedrängt. Sie besiedelten vor rund 10 000 Jahren die Gebiete unserer heutigen Mittelgebirge. Bei zunehmender Erwärmung mußte sich die Eiszeitflora mit der Konkurrenz von Bäumen, Sträuchern und Kräutern auseinandersetzen. Nur hochspezialisierte, aber konkurrenzschwache Reliktpflanzen konnten sich auf Felsen bis heute halten. Denn diese Felsen weisen ähnliche ökologische Verhältnisse auf wie das Hochgebirge: im Sommer heiß, im Winter kalt. Wir finden daher diese im Flachland seltenen Reliktpflanzen vor allem auf Felsen, die über die angrenzenden Bäume hinrausragen. Denn hier waren sie vor den anderen Pflanzen »sicher«.

An diesen trockenen, heißen, nährstoffarmen Standorten gesellten sich zu den ursprünglich aus den Alpen stammenden (dealpinen) Arten noch weitere wärmeliebenden Reliktpflanzen mit mediterranem Ursprung sowie einige aus den nordosteuropäischen Steppen. Unsere Mittelgebirgsfelsen weisen daher eine besonders große Fülle an seltenen und gefährdeten Pflanzen aus längst vergangenen Klimaepochen auf.

UMWELT- UND NATURSCHUTZ

Überleben der alpinen Flora außerhalb der Alpen an den Mittelgebirgsfelsen

Magnesia mit Bedacht verwenden

An die klimatisch extremen Felsstandorte haben sich ebenfalls zahlreiche Tierarten angepaßt. Schnecken bauen aus dem Kalk der Felsen ihre Gehäuse auf und ernähren sich von Felsflechten. Reptilien wie Mauereidechse oder Schlingnatter nutzen als wechselwarme Tiere die Wärme. Viele Insekten sind direkt an Felspflanzen gebunden, da sie ihnen als Futtergrundlage dienen. Spinnen sind bereits in den Wintermonaten aktiv, wenn sich an schönen, sonnigen Tagen die südseitigen Felsen erwärmen.

Vögel wie Wanderfalke, Uhu, Kolkrabe und Dohle nutzen kleine Höhlen und Nischen als Brutplatz. Fledermäuse leben in größeren Höhlen, und Siebenschläfer nutzen zur Aufzucht ihrer Jungen regengeschützte Spalten.

Wird durch Felszonen geklettert, die mit Pflanzen bewachsen sind, so führt das bei häufiger Begehung zu Vegetationsschäden. In früheren Jahren wurden solche Routen auch »geputzt«, d. h., beim Klettern störende Pflanzen wurden kurzerhand entfernt. Diese Wuchsorte sind dann in aller Regel für viele Jahrzehnte verloren. Denn Wind und Regen lassen das bißchen an Erdreich rasch verschwinden.

Während der Brut- und Aufzuchtzeit können Störungen der Vögel durch Kletterer und Wanderer schlimmstenfalls den Verlust des Nachwuchses mit sich bringen.

An dunklem Gestein führt die Verwendung von Magnesia zu häßlichen weißen Flecken.

Umwelt- und Naturschutz in den Mittelgebirgen

Konflikt:
- Störung von Felsbewohnern wie z. B. felsenbrütenden Vögeln
- Zerstörung der Vegetation durch »Ausputzen« von Kletterrouten
- Beeinträchtigung der Vegetation durch Kletterrouten, die durch stark bewachsenen Fels führen
- optische Beeinträchtigungen durch Magnesia

Recht:
- Nach dem Bundesnaturschutzgesetz §20c besitzen alle Felsen einen besonderen Schutz und dürfen nicht erheblich oder nachhaltig beeinträchtigt werden. In vielen Kletterregionen gibt es daher gesetzliche Regelungen für das Klettern.
- Uhu, Wanderfalke, Kolkrabe sowie viele Insekten, Spinnen, Schnecken, Reptilien und Pflanzen stehen auf der Roten Liste der gefährdeten Arten. Vor allem zum Schutz der Vögel gibt es an zahlreichen Felsen befristete Sperrungen während der Brut- und Aufzuchtzeiten.
- In Nationalparks, Naturschutzgebieten, geschützten Landschaftsbestandteilen und an Naturdenkmälern gelten für das Klettern stets gesonderte Regelungen.

Praxistips:
- Regionale Regelungen helfen nicht nur Pflanzen und Tiere an Felsen zu schonen, sondern erhalten letztendlich auch die Klettermöglichkeiten. In vielen Klettergebieten wurden daher durch DAV und IG Klettern Informationstafeln zu den regionalen Regelungen aufgestellt.
- Regelungen zum Klettersport müssen beachtet werden, um die bestehenden Klettermöglichkeiten nicht zu gefährden.
- Wandpartien mit brütenden Vögeln dürfen nicht beklettert werden. Hinweisschilder klären über die jeweiligen Regelungen zum Schutz dieser Tiere auf.
- Neuerschließungen sollten unterbleiben, wenn dafür Pflanzen entfernt werden müßten. Schutzgebiete sind dafür tabu.
- An dunklen Gesteinen wie Sandstein, Porphyr oder Granit Magnesia nur sparsam verwenden.

> **Bundesweite Informationen über Kletterregelungen**
> in der Bundesrepublik Deutschland erhalten Sie beim
>   Deutschen Alpenverein
>   Postfach 50 02 20
>   80972 München
>   Tel. 0 89/1 40 03-0
>   Fax 0 89/1 40 03-12
> sowie bei den regionalen Ansprechpartnern der DAV-Sektionen oder der IG Klettern. Die entsprechenden Adressen erfahren Sie ebenfalls unter der obengenannten Anschrift.

Felskopf/Ausstieg

Situation

Im Ausstiegsbereich, den Felsköpfen der kalkreichen Mittelgebirge, existiert eine besonders wertvolle Flora. Denn diese Felsbereiche sind im Sommer sehr heiß und trocken, im Winter dagegen kalt und windexponiert, so daß hier nur hochspezialisierte Pflanzen gedeihen. Es ist daher kein Wunder, wenn gerade in diesen kleinflächigen Biotopflächen die seltensten und wertvollsten Pflanzengesellschaften in Deutschland beheimatet sind.
Die Ausstiege von häufig begangenen Touren sind durch Trittschäden gekennzeichnet, meist jedoch kleinflächiger als im Einstiegsbereich. Bäume werden zum Abseilen genutzt und weisen dann Abriebspuren durch das Abziehen des Seils auf. Vielfach werden die Felsköpfe auch von Wanderern genutzt. Große vegetationsfreie Flächen sind an diesen Aussichtspunkten keine Seltenheit.

Konflikt:
- Zerstörung der wertvollen Vegetation der Felsköpfe
- Beeinträchtigung von Tieren
- Verletzungen von Bäumen, die durch Umlenken und Abziehen des Seils entstehen. Diese Schäden können im Extremfall zum Absterben führen.

UMWELT- UND NATURSCHUTZ

Futterpflanze für Schmetterlingsraupen: Zypressen-Wolfsmilch

Recht:
- Trockenrasen und Felsgruspflanzengesellschaften gehören zu den nach dem Bundesnaturschutzgesetz geschützten Vegetationseinheiten und dürfen nicht erheblich oder nachhaltig beeinträchtigt werden.

Praxistips:
- Vor dem Erreichen der wertvollen Felskopfflora: Toprope-Haken benützen. Das ist nicht nur eine Frage der Bequemlichkeit!
- Falls kein Abseilhaken vorhanden ist, sollte der Felskopfbereich auf dem kürzestem Weg verlassen werden.

Abstieg vom Felskopf

Situation

Der Abstieg vom Felskopf zurück zum Wandfuß verläuft entweder durch den Wald oder durch trockene und grasige Pflanzengesellschaften. Die zerstörerischen Auswirkungen der Trittbelastung dieser beiden Pflanzengemeinschaften sind bereits ausführlich erläutert worden.

Der Abstiegsweg vom Felskopf ist fast immer sehr steil und verläuft gewöhnlich mehr oder weniger in der Fallinie. Hier ist die Erosionsgefahr besonders groß. Mit den glatten Kletterschuhen findet man wenig Halt, man rutscht mehr, als daß man geht, den Hang hinunter und trägt damit zuerst die Pflanzen und dann den Boden ab.

Konflikt:
- Zerstörung der Vegetation
- Schädigung von Tieren
- Bodenabtrag

Recht:
- Halbtrockenrasen und Geröllhalden gehören zu den nach dem Bundesnaturschutzgesetz geschützten Vegetationseinheiten und dürfen nicht erheblich oder nachhaltig beeinträchtigt werden.

Umwelt- und Naturschutz in den Mittelgebirgen

Praxistips:
- Wann immer möglich: Umlenkhaken benützen.
- Das Seil zum Abseilen nicht direkt um einen Baum legen, da beim Abziehen des Seils der Baum verletzt wird. Also stets eine Abseilschlinge verwenden.

Übernachtung

Situation

Kommen Kletterer für mehrere Tage in ein Klettergebiet, übernachten sie nicht selten im Freien. Entweder sie stellen in der Nähe der Felsen ein Zelt auf, oder sie liegen im Schlafsack unter einem Felsüberhang. Des öfteren wird dann am Abend Holz aus dem Wald zusammengesucht und ein Lagerfeuer entzündet. Bleibt kein Müll zurück, ist das Campen im Freien kein größerer Eingriff in die Natur, sofern nicht direkt in der Nähe der Felsen übernachtet wird. Einige der an den Felsen lebenden Tiere halten sich tagsüber versteckt und werden erst bei Einbruch der Dunkelheit aktiv. Zu diesen Tieren gehören z. B. der in Felsen brütende Uhu und die in Felsenhöhlen wohnenden Fledermäuse. Diese Tiere werden gestört, falls Kletterer in der Nähe der Felsen nächtigen. Besonders problematisch ist das Entzünden von Feuern unter Felsüberhängen oder in Felsenhöhlen. Hier halten sich in sehr vielen Fällen Fledermäuse auf. Ruß und Rauch zerstören ihren Lebensraum.

Konflikt:
- Tiere werden in der Nacht gestört.
- Feuer unter Überhängen oder in Höhlen zerstören mit Ruß und Rauch den Lebensraum von Fledermäusen.

Recht:
- Offene Feuer sind nur erlaubt, wenn ein Sicherheitsabstand eingehalten wird, z. B. vom Wald mindestens 100 m. In Landschaftsschutzgebieten muß meist eine Genehmigung eingeholt werden, in Naturschutzgebieten sind offene Feuer generell untersagt. Das gilt aus Naturschutzgründen auch in Höhlen oder unter Überhängen zum Schutz der Fledermäuse.
- Wildes Campen ist in Schutzgebieten nicht erlaubt. Außerhalb von Schutzgebieten muß der Grundeigentümer um Erlaubnis gefragt werden.
- Unter den nachtaktiven Tieren sind sehr viele gesetzlich geschützt.

Praxistips:
- Zeltplätze für Kletterer nutzen.
- Nicht in Schutzgebieten wild campen!
- Grundbesitzer um Erlaubnis fragen, wenn auf seinem Grundstück übernachtet wird.
- Bei offenen Feuern Sicherheitsabstand von brennbaren Stoffen einhalten!
- Keine Spuren hinterlassen.

Hohe Felsen sind der Lebensraum dealpiner Pflanzen

UMWELT- UND NATURSCHUTZ

Nur Spezialisten unter den Planzen sind an die harten Lebensbedingungen angepaßt

UMWELT- UND NATURSCHUTZ IN DEN ALPEN

Für das Klettern in den Alpen gelten fast alle Empfehlungen für die Mittelgebirge. Es wäre wünschenswert, daß auch hier Kletterer ein umweltbewußtes Verhalten an den Tag legen. Die Belange des Naturschutzes werden aufgrund der meist geringeren Besucherdichte und vergleichsweise großen Flächen der Felsen in der hochalpinen Region kaum berührt. Für die talnahen Sportklettergebiete scheint sich jedoch auch in den Alpen ein ähnlicher Konflikt wie in den deutschen Mittelgebirgen anzubahnen. Um so wichtiger ist es, möglichen Bedenken durch konsequentes umweltgerechtes Verhalten jedes einzelnen entgegenzutreten. Man will schließlich dem Anspruch einer natur- und umweltbewußten Sportart gerecht werden.

Hierzu gehören auch einige Verhaltensweisen, die in keinem direktem Zusammenhang mit dem Klettersport stehen:
- Zur Nächtigung auf den AV-Hütten sollte unbedingt ein Hüttenschlafsack mitgenommen werden. Das schont durch weniger Hüttenwäsche, damit weniger Energieverbrauch und auch weniger Abwässer die Umwelt.
- Müllvermeidung und sparsamer Umgang mit Wasser und Energie auf den Berghütten sollten für jeden Kletterer eine Selbstverständlichkeit sein.
- Zur Verhinderung von Erosionen auf den Wanderwegen bleiben und keine Abschneider benützen.

Da Umweltbelastungen aus dem Individualverkehr sich auf die überaus sensible Natur der Hochgebirge besonders negativ auswirken, wollen wir an dieser Stelle dem Leser eine umweltfreundliche Anreise ausdrücklich ans Herz legen.

Umwelt- und Naturschutz in den Alpen

Anreise

Situation

Für die Alpen gilt das unter dem Stichwort »Anreise in die Mittelgebirge« Gesagte verschärft. Durch die Luftschadstoffe des Individualverkehrs werden nicht nur lebensnotwendige Lawinenschutzwälder zerstört, es wird auch die Gesundheit der alpinen Bevölkerung aufs Spiel gesetzt. Chronische Lungenkrankheiten bei Kindern sind in den engen Alpentälern ebenso wie in den Großstädten leider keine Seltenheit mehr.

Daneben leidet die Attraktivität von Urlaubsorten erheblich unter dem ausufernden Individualverkehr.

Konflikt:
- Der Individualverkehr führt zur nachhaltigen Umweltschäden.
- Nicht nur die Parkplatzsituation in engen Talorten, auch Lärmbelästigung und gesundheitliche Gefahren in tief eingeschnittenen Alpentälern führen zu Auseinandersetzungen. Weite Teile der alpinen Bevölkerung nehmen die Belastungen aus dem ständig anwachsenden Straßenverkehr nicht mehr stillschweigend hin. So wurde 1995 in der Schweiz der alpenquerende Schwerlastverkehr per Volksbeschluß von der Straße auf die Schiene verbannt.

Recht:
- 1995 ist eine Rahmenkonvention zum Schutz der Alpen in Kraft getreten, die Alpenkonvention. Zum Thema Verkehr wird dort vermerkt: »... die Verminderung der Belastungen und Risiken des alpenüberquerenden und inneralpinen Verkehrs soll u. a. durch verstärkte Verlagerung des Verkehrs, insbesondere des Güterverkehrs, auf die Schiene erfolgen.«

Praxistips:
- Fahrten mit öffentlichen Verkehrsmitteln tragen zur Umweltentlastung und zu einer entspannten Anreise bei. Spezialisierte Reisebüros erleichtern das Zurechtfinden im Fahrplandschungel.
- Das Referat Natur- und Umweltschutz des DAV ist dabei, Anfahrtsskizzen mit Bahn und Bus für häufig frequentierte Hütten in den Alpen zu entwickeln.
- Vorhandene ausgewiesene Parkplätze stets nutzen, auch wenn der Weg zu den Felsen dann etwas länger ist.
- Die Umwelttips zu diesem Thema im Abschnitt »Umwelt- und Naturschutz in den Mittelgebirgen« beachten.

Informationen zu Bahnverbindungen im Ausland:
- Auslandskursbuch der DB, erhältlich an den Bahnschaltern
- Kursbücher einzelner Länder, z. B. elektronischer Fahrplan der Schweizer Bahnen
- Spezielle Reisebüros bieten neben der Auskunft über Bahn- und Busverbindungen sowie über Kleinbustaxis auch einen Planungsservice von zu Hause bis zur Berghütte an, z.B.

nach Österreich:
Bahnhof Mallnitz
Postfach 27
A-9822 Mallnitz
Tel. 00 43/47 84/60 03 83
Fax 00 43/47 84/60 03 86

in die Schweiz:
Schweizer Bahnen
Arnulf-Klett-Platz 2
70173 Stuttgart
Tel. 07 11/2 26 42 29
Fax 07 11/29 06 04

Informationen zu Busverbindungen im Ausland:
- Fremdenverkehrsämter (oft auch Infos zu Kleinbustaxis)
- Fahrplanheft »Alpenbus«, mit Fahrplänen des gesamten Alpenraums

Sie erhalten den »Alpenbus« bei:
Fahrplansekretariat »Alpenbus«
Postfach 34
A-6926 Innsbruck

UMWELT- UND NATURSCHUTZ

Verhaltenstips für Kletterer

Um ein harmonisches Miteinander von Menschen, Tieren und Pflanzen zu ermöglichen, werden Kletterer gebeten, sensibel mit der Natur umzugehen

Umweltschonend anreisen: Fahrrad und öffentliche Verkehrsmittel benützen, Fahrgemeinschaften bilden

Die gekennzeichneten Sperrgebiete des Vogelschutzes respektieren

Abseil- und Umlenkhaken benützen

Verhaltenstips für Kletterer

Klettergebiete sauberhalten: Müll mit nach Hause nehmen, Fäkalien vergraben, Feuer nur an »offiziellen« Feuerstellen

Pflanzenbewuchs in den Felsen erhalten

Sich über die aktuellen Kletterregelungen in einem Gebiet

Ausgewiesene Parkplätze nutzen

Sanierungen und Erschließungen mit dem lokalen Arbeitskreis abstimmen

Das lokale Übernachtungsangebot nutzen, nicht durch wildes Zelten unangenehm auffallen

Feld, Wiese und Wald schonen, die gekennzeichneten Zu- und Abstiegswege einhalten

ANHANG

Adressen und Telefonnummern der alpinen Vereine

Deutscher Alpenverein (DAV)
Hauptgeschäftsstelle:
Von-Kahr-Straße 2–4
90997 München
Tel. 0 89/14 00 30
Fax 0 89/1 40 03 11

Alpenvereinsbücherei im Haus des Alpinismus, Sicherheitsforschung:
Praterinsel 5
80538 München
Tel. 0 89/2 11 22 40
Fax 0 89/22 60 54

Alpine Auskunft DAV:
Tel. 0 89/29 49 40

Verband Deutscher Berg- und Skiführer (VDBS)
Geschäftsstelle:
Untersbergstraße 34
83451 Piding
Tel. 0 86 51/7 12 21
Fax 0 86 51/7 12 21

Österreichischer Alpenverein (ÖAV)
Wilhelm-Greil-Straße 15
A-6010 Innsbruck
Tel. 00 43/5 12/5 95 47
Fax 00 43/5 12/57 55 28

Alpine Auskunft ÖAV:
Tel. 00 43/5 12/5 32 01 75

Alpenverein Südtirol (AVS)
Pfarrplatz 1
I-39100 Bozen
Tel. 00 39/4 71/97 81 41
Fax 00 39/4 71/98 00 11

Alpine Auskunft AVS:
Tel. 00 39/4 71/99 38 09

Schweizer Alpenclub (SAC)
Helvetiaplatz 4
CH-3000 Bern
Tel. 00 41/31/3 51 36 11
Fax 00 41/31/3 52 60 63

Die jeweils aktuellen Telefonnummern der alpinen Rettungsstellen und der Bergwetterberichte erfahren Sie bei den Auskunftsstellen der alpinen Vereine.

BLV Lehrpläne in Neukonzeption

Herausgegeben vom Deutschen Alpenverein und vom Verband Deutscher Berg- und Skiführer
**Alpin-Lehrplan Band 1:
Bergwandern – Trekking**
Bewegungs- und Sicherungstechniken beim Bergwandern, Orientierung, Ausrüstung, Planung und Vorbereitung von Wanderungen, alpine Taktik, Bergwandern in Gruppen, Erste Hilfe, Wetterkunde, Trekking, Umwelt- und Naturschutz.

In Vorbereitung:
**Alpin-Lehrplan Band 3:
Skibergsteigen –
Variantenfahren**

**Alpin-Lehrplan Band 4:
Eisgehen – Klettern in
Eis und kombiniertem
Gelände**

**Ski-Lehrplan Band 5:
Ausrüstung –
Sicherung – Sicherheit**

Herausgegeben vom Deutschen Tennis Bund
**Tennis-Lehrplan Band 1:
Technik & Taktik**
Bewegungstheoretische Grundlagen, Grundtechniken, Technikvariationen, Beinarbeit in allen Situationen und für alle Techniken, Taktik.

**Tennis-Lehrplan Band 2:
Unterricht & Training**
Alle theoretischen und praktischen Grundlagen für Unterricht und Training sowie das Coaching bei Turnieren.

Herausgegeben vom Deutschen Verband für das Skilehrwesen e.V.
**Ski-Lehrplan Band 1:
Ski alpin**
Technik und Methodik des alpinen Skilaufs, heutige Unterrichtssituation und die modernsten skitechnischen Erkenntnisse.

**Ski-Lehrplan Band 2:
Skilanglauf**
Skilanglauf bis hin zu Biathlon und Nordischer Kombination: Ausrüstung, Lauftechnik, Methodik, Training.

**Ski-Lehrplan Band 3:
Kinderskilauf**
Grundsätze des Kinderunterrichts in verschiedenen Altersstufen, alpines Skifahren, Skilanglaufen, Unterrichtsmethoden und -formen, Ratschläge für Eltern.

In Vorbereitung:
**Ski-Lehrplan Band 4:
Theorie**

Aufbruch ins Bergabenteuer

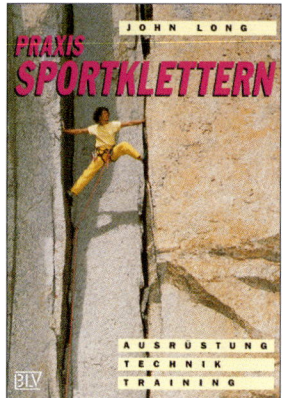

John Long
Praxis Sportklettern
Modernes Lehrbuch mit den neuesten Erkenntnissen, Erfahrungen und Methoden: Spielform Sportklettern, Wandklettern und Rißklettern, Sicherungskette, Klettern im Vorstieg, Abstieg, Klettertraining, Anfangen und Überleben.

Sepp Schnürer
Dolomiten
Die ganze Faszination der Dolomiten: repräsentativer Bildband mit großformatigen Farbfotos, zur Reise animierenden Beschreibungen und aktuellen Touristikinformationen.

Stefan Glowacz/Wolfgang Pohl
Richtig Freiklettern
Alle Aspekte des Freiklretterns und die interessantesten Klettergebiete in Deutschland, Italien, Frankreich und USA.

Sepp Schnürer
Zentralalpen
Das ideale Geschenkbuch für alle Bergfreunde: mit Sepp Schnürer auf Rundreise in den Zentralalpen – ein Bildband mit brillanten, großformatigen Farbfotos.

Sepp Schnürer
Hohe Tauern
66 sorgfältig ausgewählte Touren für erfahrene Bergsteiger und geübte Bergwanderer zu 46 Zweitausendern, 57 Dreitausendern und 50 Hütten mit Routenbeschreibungen und Kartenskizzen.

Sepp Schnürer
Ötztaler Alpen • Silvretta • Ferwall
70 sorgfältig ausgearbeitete Tourenvorschläge mit exakten Beschreibungen – optimale Information für alle, die diese faszinierende Bergregion der Ostalpen kennenlernen möchten.

Michael Pause
Im leichten Fels
66 genußreiche Klettertouren in den Ostalpen für Bergsteiger, die das Erlebnis des Felskletterns auf einfacheren Routen kennenlernen möchten – mit Fotos, Skizzen und präzisen Tourenangaben.

Michael Pause / Walter Pause
Im schweren Fels
60 klassische Genußklettereien im schweren Fels der West- und Ostalpen mit Tourenbeschreibungen und präzisen Anstiegsskizzen.

Walter Pause / Jürgen Winkler
Im extremen Fels
100 Tourenvorschläge – vom Kalkfels des Dachstein bis zum Granit des Montblanc – für erfahrene Bergsteiger.

Im BLV Verlag finden Sie Bücher zu folgenden Themen: Garten und Zimmerpflanzen • Natur • Heimtiere • Jagd • Angeln • Pferde und Reiten • Sport und Fitneß • Tauchen • Reise • Wandern, Bergsteigen, Alpinismus • Essen und Trinken • Gesundheit, Wohlbefinden, Medizin

 *Wenn Sie ausführliche Informationen wünschen, schreiben Sie bitte an:*
BLV Verlagsgesellschaft mbH • Postfach 40 03 20 • 80703 München
Telefon 089 / 12705-0 • Telefax 089 / 12705-543